料理の味、決まる！

調味料の本

たれ・ソース・ドレッシング

しらいしやすこ

成美堂出版

「酢豚が作りたいけれど調味料の配合がわからない」「さばの味噌煮を作るときに味噌や砂糖などをどのくらい入れたらいいかわからず、目分量で失敗してしまった」「トマトソースの作り方を知りたい」など、悩みの多い料理の味つけ。その基本となる、たれやソース、ドレッシングの配合や作り方が1冊になっていたら、迷わずおいしく作れるのではと思い、まとめたものが本書です。

また、トマトケチャップやマヨネーズ、味噌、塩麹などいつもの調味料や発酵調味料の作り方も掲載しました。

ぜひ、いつもの料理に役立ててください。

もくじ

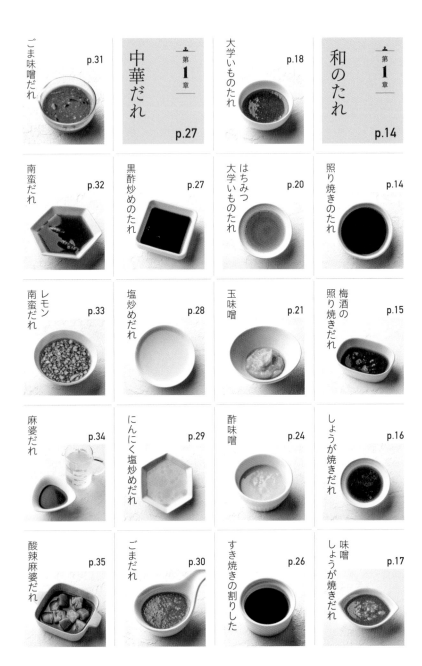

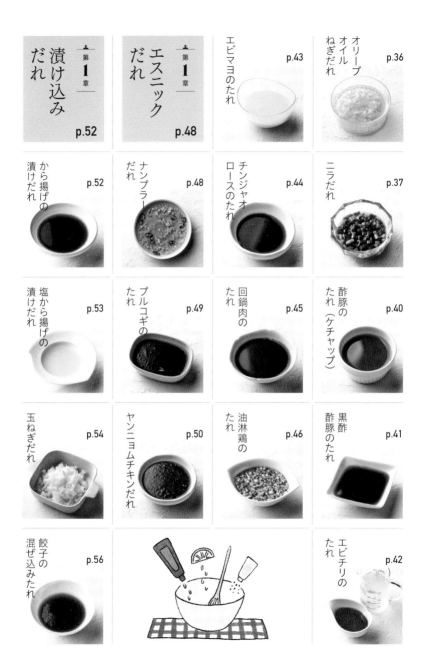

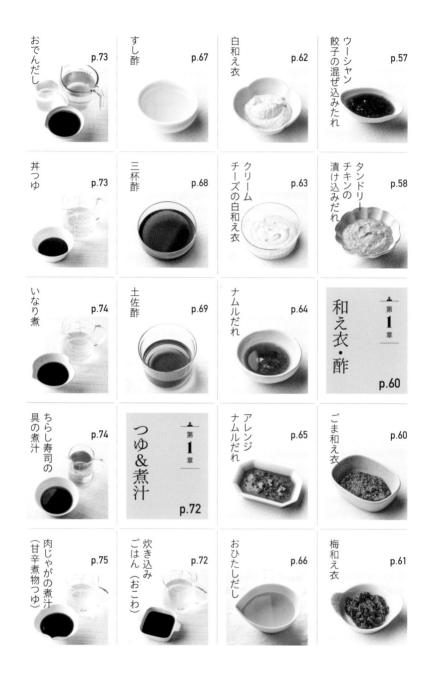

6

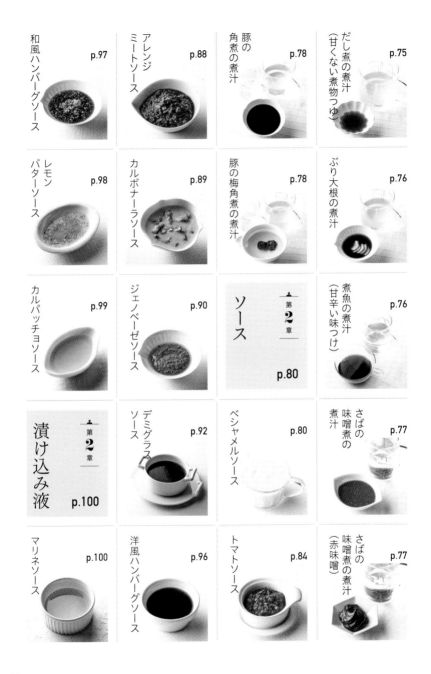

クミン塩 p.128

第2章
フレーバー塩 p.126

柚子こしょうドレッシング p.122

イタリアンドレッシング p.118

七味塩 p.130

のり塩 p.126

梅ドレッシング p.122

サウザンアイランドドレッシング p.118

山椒塩 p.130

かつお塩 p.127

チョレギドレッシング p.123

チーズドレッシング p.119

赤ワイン塩 p.131

柚子塩 p.127

豆乳ドレッシング p.123

コールスロードレッシング p.119

ハーブ塩 p.131

カレー塩 p.128

クリーミーナッツドレッシング p.124

レモンドレッシング p.120

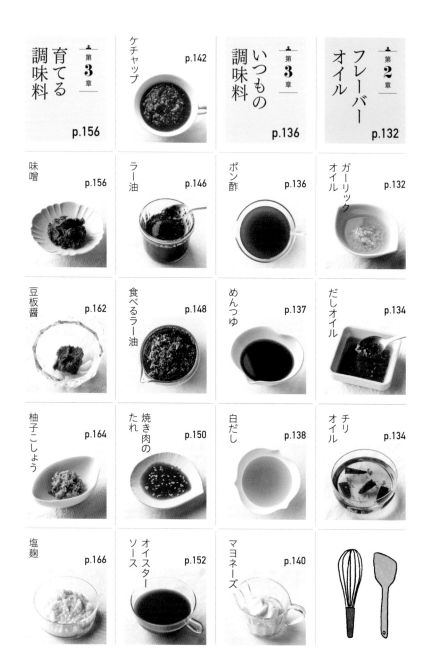

アレンジ料理 INDEX

玉ねぎ麹　p.168

醤油麹　p.170

塩レモン　p.172

タバスコ　p.174

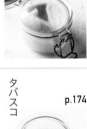

本書の見方

・たれやソースは基本的に2人分を基準に、ものによっては作りやすい分量を表記しています。また、使い方については個別の料理の場合は、その料理の作り方、汎用性が広いものの場合は一般的な使い方を表記しています。

・紹介しているたれやソースの保存期間は、冷蔵保存を基本としていますが、冷凍保存できるものについては冷凍での保存期間を表記しています。

・材料や作り方に表示している小さじ1は、5ミリリットル、大さじ1は15ミリリットルです。

・火加減はとくに表示がない場合は中火ですが、ようすをみて調整してください。

・醤油とある場合は濃口醤油、味噌とある場合は淡色味噌です。

・市販の顆粒コンソメは好みのものを使用してください。固形タイプを使用する場合は、顆粒コンソメ小さじ2が固形コンソメ1個分の目安になります。

・だしについては市販のだしの素を使用しても構いません。

・基本的に野菜は、皮をむく、へたや種を取る、根元を切り落とすなどの下ごしらえを済ませてからの手順になっています。

・加熱時間などはあくまで目安です。オーブントースターや電子レンジは機種によって差があります。また、本書の電子レンジの過熱は基本的に600Wの場合の目安です。

第1章

和・中・エスニックのたれ

和食や中華、エスニックに使えるたれを集めました。
さまざまな料理に使える基本のたれから煮汁までもう迷いません！

照り焼きのたれ

保存 **30**日（冷蔵）

和食のたれの基本は甘みと塩味のバランスをとること。たれの分量を覚えることで味が決まりやすくなります。

照り焼きの黄金比率は醤油：酒：みりん：砂糖が2：3：2：1。定番の鶏やぶりの照り焼きはもちろん、和風ハンバーグなどにも使えます。みりんを入れることでツヤが出ます。

材料（2人分）

酒…大さじ3
醤油…大さじ2
みりん…大さじ2
砂糖…大さじ1

使い方

鶏やぶりをフライパンで焼きつけて、蒸し焼きなどで火を通した後に、たれを煮からめます。たれをちょっと煮詰めて照りを出すことが大切。バターの風味をつけても。

作り方

1 すべての材料を混ぜ合わせ、砂糖をよく溶かす。

おすすめ料理

・鶏の照り焼き
・ぶりの照り焼き
・豆腐ハンバーグ
・和風ハンバーグ
・れんこんのバター照り焼き

14

梅酒の照り焼きだれ

保存 **10**日（冷蔵）

照り焼きのたれの酒を梅酒に変えたアレンジだれ。梅酒と梅干しを入れることで加わる独特な甘酸っぱさがクセになる味わいです。

材料（2人分）

梅酒…大さじ3
醤油…大さじ2
みりん…大さじ2
梅干し…1個

作り方

1 梅干しは種を取り除き、包丁で叩く。

2 すべての材料を混ぜ合わせる。

使い方

豚や鶏肉を玉ねぎなどと炒めて、肉の色が変わり野菜に火が通ったらたれを加えて煮からめます。とろりとしてつやが出てきたら完成です。

おすすめ料理

・豚ばらの梅照り焼き
・梅照り焼き鳥
・メカジキのソテー 梅だれ
・ぶりの梅照り焼き
・アスパラの肉巻き 梅照りだれ

しょうが焼きだれ

保存
10日
（冷蔵）

さっぱり仕上がる豚ロース肉なら甘さを控えめにしたり、脂のある豚バラ肉なら甘めにするなど、基本だれをもとにしつつ、使う部位によって好みの味を見つけましょう。

材料（2人分）

醤油…大さじ1と1/2
みりん…大さじ1と1/2
酒…大さじ1
砂糖…小さじ1
しょうがすりおろし…大さじ1/2

作り方

1 すべての材料を混ぜ合わせ、砂糖をよく溶かす。

使い方

フライパンで豚肉などを焼き、たれをからめます。好みで玉ねぎを入れてもよいでしょう。厚切り豚ロース肉を使うときは、小麦粉をはたいてから焼きつけ、たれを入れて蒸し焼きします。

おすすめ料理

・いかとブロッコリーの炒め物
・鶏そぼろ
・れんこんとひき肉の挟み焼き

味噌しょうが焼きだれ

保存
10日
（冷蔵）

いつものしょうが焼きの醤油を味噌に変えたアレンジだれ。コクと旨味がアップし、味噌としょうがの相性もばっちり。味噌はいつも使っているものでOKです。

材料（2人分）

味噌…大さじ 1 と 1/2
酒…大さじ 1
みりん…大さじ 1
砂糖…大さじ 1/2
しょうがすりおろし…大さじ 1/2

作り方

1　すべての材料を混ぜ合わせ、砂糖をよく溶かす。

使い方

フライパンで豚肉などを焼き、表面の色が変わったらたれを加えて煮からめます。味噌が入っているので、こげつきに注意しましょう。魚にもよく合います。

おすすめ料理

・厚揚げとキャベツの炒め物
・なすと豚バラの味噌炒め
・鮭のちゃんちゃん焼き風
・和風味噌グラタン

保存
30日
（常温）

家にある材料で簡単に作ることができる、甘じょっぱいたれ。ちょっとだけ入った醤油がアクセントに。さつまいもだけでなくベーコンやソーセージにかけてもよいでしょう。

材料（2人分）

砂糖…大さじ 4 〜 5
みりん…大さじ 1 〜 1 と 1/2
水…大さじ 1
醤油…少々

使い方

カリっと揚げたいもにたれを煮からめます。パンケーキにかけておやつなどにも。たれは冷めるとかたくなるので、加熱してゆるい状態でからめます。

作り方

1　フライパンにすべての材料を混ぜ合わせ、中火で加熱する。

2　砂糖が溶けて、ゆるくとろみがついてきたら火を止める。

おすすめ料理

・焼きもちの大学だれがけ
・グリルベーコンの大学だれがけ
・焼きソーセージの大学だれがけ
・パンケーキのホイップ大学
　（生クリームと大学いものたれをかける）

Arrange Recipe

大学いものたれを使って！

大学トースト
カマンベールチーズにとろっとしたたれがよく合う

材料(2人分)

大学いものたれ…2人分
食パン（8枚切り）…2枚
カマンベールチーズ…1個
粗びき黒こしょう…適量

作り方

1　カマンベールを6等分に切る。

2　食パンにカマンベールをちぎって乗せ、トースターで焼き色がつく程度（1000W 〜 1300W ／ 5分程度）に焼く。

3　大学いものたれをかける。好みで黒こしょうをふる。

はちみつ大学いものたれ

砂糖を使わず、はちみつとみりんで仕上げたはちみつ大学いものたれ。ブルーチーズや焼いたカマンベールチーズなどにかければ簡単にワインに合うつまみが作れます。

材料（2人分）

はちみつ…大さじ 5
みりん…大さじ 1
醤油…少々

作り方

1　耐熱のボウルにすべての材料を混ぜ合わせる。

2　ふんわりとラップをし、電子レンジ（600W）で 2分 30秒加熱する。

使い方

カリっと揚げたさつまいもに、はちみつ大学いものたれを煮からめます。醤油が少し入っているので、フライドチキンなどにマスタードと一緒につけて食べるのもおすすめです。

おすすめ料理

・焼きカマンベールのはちみつだれがけ
・シリアルのはちみつだれかけ
・フレンチトーストのはちみつだれ
・フライドチキンのマスタードはちみつだれがけ

玉味噌

卵黄と調味料を加熱して
練りあげる甘い味噌だれ。
水を入れていないので
卵黄が入りますが、1か月ほどもちます。
まとめて一度に作っておくと便利。

保存
30日
（冷蔵）

使い方

基本的に玉味噌は白味噌（西京味噌）で作ります。焼いた
肉や魚にぬれば、手軽に味噌焼きが完成。野菜やごはんに
も合うので、シンプルに添えるだけでもおいしい。

材料（作りやすい分量）

白味噌（西京味噌）…100g
卵黄…2個
みりん…20ml
酒…20ml
砂糖…30g

おすすめ料理

・鶏肉の玉味噌焼き
・玉味噌の焼きおにぎり
・なす田楽
・揚げ里いもの玉味噌がらめ

作り方

1　すべての材料を小鍋に入れて混ぜる。

Point

だいたい混ざってから
火をつける。

2　木べらを使って弱火で練っていく。

3　もったりとして、木べらについてく
　るくらいのかたさになったら火を止
　めて冷ます。

Point

冷めるとかたくなるので、
少しゆるめのところで火を止めること。

玉味噌を使って

玉味噌焼きおにぎり

ほんのり甘い玉味噌が軽く焦げ、香ばしいおいしさ

材料（2人分）

ごはん…400g
塩…少々
玉味噌…大さじ4

作り方

1 ラップをしき、軽く塩をふる。ラップの上にお茶碗半分（約100g）のごはんをのせて、ラップごとごはんを包みながら、4個、おにぎりを作る。

2 おにぎりひとつに対して玉味噌を大さじ1くらい塗り、トースターか魚焼きグリルで味噌が少し焦げる程度に焼く。

※魚焼きグリルで焼く場合は、焦げやすいので弱火にするとよい。

保存
30日
(冷蔵)

玉味噌に酢を加えるだけで簡単に酢味噌が作れ、野菜や
魚介に合います。季節に応じてゆずの皮や木の芽、ふきの
とうなどを加えると、ワンランク上の酢味噌和えに。

材料（2人分）

玉味噌…大さじ 3
酢…大さじ 1

作り方

1. 玉味噌に酢を少しずつ加えて混ぜる。

使い方

酸味と甘みのバランスがよい酢味噌は
旬の野菜や魚介と和えて使います。酢
の量は玉味噌：酢が 3：1 を基本に、
好みや食材に合わせて調整していきま
す。刺身こんにゃくにつけてもOK。

おすすめ料理

・ねぎのぬた
・ほたての酢味噌和え
・きゅうりとスモークサーモンの
　酢味噌和え
・刺身こんにゃくの酢味噌和え

酢味噌を使って

わけぎとホタルイカのぬた

早春が旬のホタルイカを相性抜群の酢味噌で和える

材料（2人分）

わけぎ…50g
ホタルイカ（ボイル）
…50g
酢味噌…大さじ3

作り方

1. ホタルイカは目と軟骨を取っておく。わけぎは根元を切り落とす。

2. フライパンでお湯を沸かし、塩（小さじ1/2程度・分量外）を入れ、わけぎをさっとゆで、ざるにあげて冷ます。

3. 水気とぬめりを軽くとり、わけぎを4〜5cmに切る。

4. ボウルに酢味噌を入れてホタルイカとわけぎを加えて和える。

保存
30日
（冷蔵）

割りしたの黄金比率は醤油：酒：みりん：砂糖が、10：10：10：4。砂糖はざらめにしてもおいしいです。常温では砂糖が溶けづらいので、加熱しながらよく煮溶かしましょう。

材料（約350ml）

醤油…100ml
酒…100ml
みりん…100ml
砂糖…40g

作り方

1 小鍋に酒とみりんを入れて中火にかけ、アルコールを飛ばす。

2 醤油と砂糖を加えて混ぜ、砂糖が溶けたら火を止める。

使い方

牛脂を入れたすき焼き鍋に、ねぎや肉を少量焼いてから割りしたを入れ、肉、野菜の順に煮ていきます。甘じょっぱい割りしたは、残ったら肉豆腐や炒め物などに使っても。

おすすめ料理

・きのこたっぷり牛肉豆腐
・厚揚げの照り焼き
・鶏手羽とじゃがいもの煮物
・丼のたれ
・角煮

中華だれ

さまざまな炒め物に使えるたれから、麻婆豆腐や酢豚のたれまで。これでもう市販の中華の素はいりません。

黒酢炒めのたれ

保存
5日
（冷蔵）

穀物酢や米酢に比べて黒酢は酸味がやわらかく、まろやかで甘さがあります。そこに少し唐辛子や黒こしょうを効かせれば、アクセントのある炒め物になります。

材料（2人分）

黒酢…大さじ1
醤油…大さじ1
酒…大さじ1
砂糖…小さじ2
赤唐辛子（輪切り）
…少々

使い方

豚バラ肉など好みの肉をなすやピーマンなどと炒め合わせ、たれを加えます。最後に黒こしょうをふっても。肉に片栗粉をあらかじめまぶしておけば、少しとろみがついて美味。

作り方

1　すべての材料を混ぜ合わせ、砂糖をよく溶かす。

おすすめ料理

・豚バラとなすの黒酢炒め
・里いもの黒酢炒めの
　カマンベールのせ
・鶏肉とれんこんの黒酢炒め

保存
7日
（冷蔵）

肉や野菜を炒めてただ塩をふるよりも、旨味のある仕上がりに。素材を選ばず使える汎用性の高い中華炒めのたれで、シンプルな青菜炒めが本格的な味になります。

材料（2人分）

酒…大さじ 2
鶏がらスープの素…小さじ 1/2
塩…小さじ 1/3
にんにくすりおろし（チューブでも可）
…1/2 片分（小さじ 1/2）

作り方

1　すべての材料を混ぜ合わせる。

使い方

肉や野菜を炒めたら仕上げに加えて炒め合わせます。もやしやひき肉など細かいものを炒めるときは、少量片栗粉を足すと（左の分量に対して小さじ 1/2）とろみがついて食べやすくなります。

おすすめ料理

・豆苗の塩炒め
　（小松菜や空心菜など
　青菜炒め全般に使える）
・いかとセロリの塩炒め
・もやしと豚肉のとろみ塩炒め

にんにく塩炒めだれ

保存
7日
（冷蔵）

塩だけでなく塩麹を加えることで、ほんのりとした自然な甘みと麹のコクが加わります。炒めものだけでなく、スープやおかゆの味つけだれとしても広く使えます。

材料（2人分）

酒…大さじ 2
塩麹…大さじ 1
にんにくすりおろし（チューブでも可）
…1/2 片（小さじ 1/2）
ごま油…小さじ 1

作り方

1 すべての材料を混ぜ合わせる。

使い方

肉や野菜を炒めるときに仕上げに使って炒め合わせます。また、鶏肉などを細かく切って漬け込んでからそのまま炒めれば、塩麹効果で肉がやわらかくなりおすすめです。

おすすめ料理

・鶏肉とブロッコリーの塩炒め
・豚肉とピーマンの塩炒め
・卵とトマトの塩スープ
・卵がゆ

ごまだれ

保存
7日
（冷蔵）

ゆでた鶏肉や豚肉、豆腐などに使える万能なたれ。にんに
くは生のまま使うので細かいみじん切りにすること、砂糖を
しっかり溶かすことで食べやすくなります。

材料（2人分）

練りごま（白）…40g
すりごま（白）…大さじ1
醤油…大さじ2
砂糖…大さじ2
酢…大さじ1
にんにく、しょうが（ともにみじん切り）
…各小さじ2

作り方

1 すべての材料を混ぜ合わせる。

使い方

蒸した（ゆでた）鶏肉を割いてきゅう
りやトマトなどといっしょに盛り、ごま
だれとラー油をかけるとバンバンジー
に。ゆでた中華麺に千切り野菜やゆで
肉をのせて、このたれを和えれば混ぜ
麺にも。

おすすめ料理

・バンバンジー
・蒸し野菜のごまだれがけ
・豚肉冷しゃぶ
・中華混ぜ麺

ごま味噌だれ

保存
7日
（冷蔵）

味噌とごま油の香りがよく、豆腐や蒸し野菜とよく合います。味噌は一般的な合わせ味噌でOK。かける、つける、混ぜるなど幅広い使い方ができる万能中華だれです。

材料（2人分）

味噌…大さじ2
すりごま（白）…大さじ1
水…大さじ2
砂糖…小さじ4
ごま油…小さじ1

使い方

ひき肉をごま味噌だれと炒め合わせたり、ザーサイがのった中華風冷ややっこのかけだれにして使ったり、蒸したなすと混ぜ合わせたり。水餃子のつけだれとしても使えます。

作り方

1　すべての材料を混ぜ合わせる。

おすすめ料理

・ザーサイのせ冷やややっこ
・蒸しなすのごま味噌がけ
・水餃子のたれ
・肉味噌

保存
7日
（冷蔵）

魚にも肉にも野菜にも使えるベーシックな南蛮だれ。小麦粉をはたいて揚げた肉や魚、野菜をこのたれに漬け込むだけ。夏場は冷蔵庫でひと晩冷やしてもおいしい。

材料（2人分）

醤油…大さじ 2
酢…大さじ 2
水…大さじ 2
みりん…大さじ 1
砂糖…大さじ 1
塩…少々
赤唐辛子…1 本（半分に切る）

作り方

1　すべての材料を混ぜ合わせる。

使い方

揚げた魚や肉といっしょに、薄切りや千切りにした玉ねぎやピーマン、にんじんを南蛮だれに漬け込みます。しそやしょうが、みょうがなど香味野菜を加えても。ただかけるだけでも OK。

おすすめ料理

・あじの南蛮漬け
・揚げ野菜の南蛮漬け
・揚げ鶏となすの南蛮漬け

レモン南蛮だれ

保存
7日
(冷蔵)

南蛮だれの酢をレモン果汁に変えた、アレンジ南蛮だれ。
柑橘特有のさわやかな酸味と香りが引き立ちます。玉ねぎ
を加えることで食感と甘さがプラスされます。

材料(2人分)

レモン果汁…大さじ 2 と 1/2
醤油…大さじ 2
砂糖…大さじ 2
玉ねぎ…60g

作り方

1　玉ねぎは粗みじん切りにする。

2　残りの材料を合わせて混ぜ、砂糖をよく溶かし、1 を加えて混ぜる。

使い方

揚げた肉や魚といっしょに、カットした野菜をレモン南蛮だれに漬け込みます。タルタルソース（104 ページ）といっしょに揚げ鶏にかければ、さっぱり食べられるチキン南蛮に。

おすすめ料理

・鶏肉のレモン南蛮漬け
・えびとセロリのレモン南蛮漬け
・サーモンと彩り野菜のレモン和え

保存
30 日
（冷蔵）

甜面醤を使う、基本の麻婆だれ。豆腐やなすだけでな
く、長いもや春雨などをひき肉といっしょに炒めるなど、
さまざまな食材で活用できます。

材料（2人分）

甜麺醤…大さじ 1
豆板醤…小さじ 1/3 ～ 1/2
酒…大さじ 1
醤油…大さじ 1/2
砂糖…大さじ 1/2

作り方

1　すべての材料を混ぜ合わせる。

Ⓐ（水…200ml +
鶏がらスープの素…小さじ 1）
※ 2 人分の場合の分量

使い方

みじん切りにしたしょうがとにんにく、
ひき肉を炒めてから麻婆だれを加えま
す。スープ（Ⓐ）を加えて煮立てたら
豆腐や揚げたなす、春雨などを入れ、
仕上げに片栗粉でとろみをつけます。

おすすめ料理

・麻婆豆腐
・麻婆なす
・長いも麻婆
・煮込み麻婆春雨

酸辣麻婆だれ

保存
3日
(冷蔵)

麻婆豆腐の仕上げにトマトと黒酢を加えると、辛くて酸っぱいアレンジ麻婆豆腐が完成します。

材料(2人分)

麻婆だれ…2人分
黒酢…大さじ1
トマト…1/2個

作り方

1 トマトはひと口大に刻む。

2 麻婆だれ(34ページ)を使って作った麻婆豆腐の仕上げに黒酢とトマトを加えて、混ぜ合わせる。

使い方

麻婆豆腐の仕上げとして、トマトと黒酢を加えるだけ。豆腐だけでなく揚げたなす、春雨などさまざまな具材に合います。辛いほうが好みなら仕上げにラー油をかけてもよいでしょう。

おすすめ料理

・酸辣麻婆
・野菜と豚バラの酸辣麻婆
・厚揚げの酸辣麻婆

オリーブオイルねぎだれ

保存
7日
（冷蔵）

オリーブオイルで作るねぎだれは、すっきりと仕上がるので中華だけでなく和洋でも使えます。そのまま肉や魚はもちろん、野菜のかけだれとしても使えます。

材料（2人分）

長ねぎ…50g
オリーブオイル…大さじ 3
酒…大さじ 1
塩…小さじ 1/4
砂糖…小さじ 1/4
鶏がらスープの素（顆粒）
…小さじ 1/3

おすすめ料理

・鶏とアボカドのねぎだれ
・豆腐とブルーチーズのねぎだれ
・たいのねぎだれのせ

作り方

1　長ねぎはみじん切りにする。

2　ボウルに酒、塩、砂糖、鶏がらスープの素と 1 を入れて混ぜる。

3　フライパンでオリーブオイルを熱して、菜箸を入れて細かい泡がたつくらいになったら 2 のボウルに注いで混ぜ、冷ます。

使い方

サーモンやイカの刺身にかけたり、ゆで鶏に和えたりします。お酒にも合うのでおつまみにも。

ニラだれ

冷しゃぶや焼いた肉にかけたり
麺にからめたりと、万能なたれ。
使い勝手のよいたれなので、
ニラが余ったら作っておくとよいでしょう。

保存
7日
（冷蔵）

使い方

野菜や肉のソテーにかけたり、冷ややっこ
にしたり。サーモンや白身魚などの刺身に
かけて中華風カルパッチョもおすすめです。

材料（2人分）

ニラ…50g
にんにくすりおろし（チューブでも可）
…小さじ 1/2
みりん…大さじ 2
酒…大さじ 3
醤油…大さじ 2
ごま油…大さじ 2
黒酢…大さじ 1

おすすめ料理

・野菜と豚バラの
　しゃぶしゃぶニラだれがけ
・ニラだれ冷やし中華
・ニラだれカルパッチョ

作り方

1　ニラは 5mm 幅くらいに刻む。

Point

ニラはなるべく細かく
刻んだほうが、味がよくなじむ。

2　耐熱容器に酒とみりんを入れて、電子レンジで 1 分加熱し、アルコールを飛ばす（ラップはしない）。ボウルに入れ、ニラ以外の調味料を入れて混ぜる。

3　2 のボウルにニラを入れよく混ぜる。

Point

冷蔵保存しているうちに
だんだん味がなじんでおいしくなる。

牛ステーキのニラだれカルパッチョ

ニラ＋牛肉は相性抜群。やみつきになるおいしさ

材料（2人分）

牛ステーキ肉…200g
塩、粗びき黒こしょう
…各少々
オリーブオイル…大さじ 1
ニラだれ…大さじ 2
卵黄…1 個
パルメザンチーズ…適量

作り方

1　牛ステーキ肉に塩と粗びき黒こしょうを両面にふる。

2　フライパンを中火で熱し、オリーブオイルを少々（分量外）ひいて肉をおく。片面が 1/3 くらい焼けたらひっくり返す。

3　中弱火くらいにして裏側を 1 分 30 秒ほど焼き、取り出して 5 分休ませる（焼き時間は肉の厚さにもよるので、焼き加減はお好みで）。

4　薄く切った牛肉を器に並べる。オリーブオイルをかけ、ニラだれ、溶いた卵黄、パルメザンチーズをかける。

酢豚のたれ（ケチャップ）

保存
7日
（冷蔵）

基本のケチャップベースの酢豚のたれ。親しみやすい味つけです。おすすめは生のトマトをカットしたものを仕上げに加えるアレンジ。フレッシュな酸味がプラスされます。

材料（2人分）

ケチャップ…大さじ 1 と 1/2
酢…大さじ 1 と 1/2
砂糖…大さじ 1 と 1/2
醤油…大さじ 1
水…大さじ 3
片栗粉…大さじ 1/2

作り方

1　すべての材料を混ぜ合わせ、砂糖をよく溶かす。

使い方

揚げた（または揚げ焼きした）玉ねぎ、ピーマン、豚肉などをフライパンに入れ、酢豚のたれを加えてとろみがつくまで炒め合わせます。甘酢あんとしても使えます。

おすすめ料理

・天津飯
・揚げもちの酢豚風
・から揚げとトマトの甘酢がらめ

黒酢酢豚のたれ

保存
7日
(冷蔵)

黒酢は穀物酢や米酢と比べてコクがあり、酸味もきつくなくマイルドな風味です。肉だけで作る酢豚によく合います。

材料(2人分)

黒酢…大さじ3
砂糖…大さじ2
酒…大さじ1
醤油…大さじ1
水…大さじ2
片栗粉…大さじ1/2

作り方

1 すべての材料を混ぜ合わせ、砂糖をよく溶かす。

使い方

3cm角くらいの豚肉に、塩・こしょうで下味をつけ、片栗粉をまぶして揚げます。フライパンで黒酢酢豚のたれとからめ、とろみがつけば完成です。黒酢あんとしても使えます。

おすすめ料理

・黒酢酢豚
・ニラ玉黒酢あんかけ
・鶏肉とトマトの黒酢酢豚

保存
10日
（冷蔵）

ベーシックなケチャップベースのエビチリのたれ。辛さ
は豆板醤の量で調整できます。ケチャップ味なので豆
板醤を少量にすれば辛味が苦手な人も大丈夫です。

材料（2人分）

ケチャップ…大さじ 2
砂糖…小さじ 1 と 1/2
豆板醤…小さじ 1/2 ～ 1（お好みで）

作り方

1 すべての材料を混ぜ合わせる。

Ⓐ（水…100ml +
顆粒のガラスープの素…小さじ 1）
※ 2 人分の場合の分量

使い方

フライパンに油を入れ、みじん切りの
にんにくとしょうがを炒めます。エビチ
リのたれとスープ（Ⓐ）を入れて温め、
揚げたエビを加えてとろみをつけます。
炒め物のたれとしても使えます。

おすすめ料理

・エビと卵のチリソース炒め
・豚肉とトマトのチリソース炒め
・豚バラと玉ねぎの
　チリソース焼きそば

エビマヨのたれ

保存
10日
(冷蔵)

酢ではなくレモン汁を使っているので、くどくなくさわやかに仕上がります。エビ以外にサーモンやイカ、鶏むね肉などに使っても。フライドオニオンをプラスするのもおすすめです。

材料(2人分)

マヨネーズ…80 g
練乳…小さじ 2
砂糖…小さじ 1
レモン汁…小さじ 2

作り方

1 すべての材料を混ぜ合わせる。

※練乳がない場合ははちみつ小さじ 2 と牛乳小さじ 1 で代用可。

使い方

エビは酒と塩で下味を入れ、片栗粉をつけてから揚げます。フライパンにエビマヨのたれを入れ、エビを加えて炒め合わせます。マスタードを加えて炒め物のたれにしてもよいでしょう。

おすすめ料理

・アボカドシュリンプサラダ
・サーモンとルッコラのピザ
・牛肉と玉ねぎの
　マヨマスタード炒め

保存
10日
（冷蔵）

牛肉や豚肉はもちろん、あんかけ焼きそばなどにも使えます。ピーマンを千切りではなく、1cmほどの厚めの輪切りにするのもおすすめです。

材料（2人分）

醤油…大さじ 1
砂糖…大さじ 1/2
酒…大さじ 1/2
オイスターソース…小さじ 1
片栗粉…小さじ 1/2
粗びき黒こしょう…少々

作り方

1　すべての材料を混ぜ合わせる。

使い方

少量の酒と醤油で下味をつけた肉とみじん切りにしたにんにくを炒め、ピーマンを加えます。仕上げにチンジャオロースのたれを加えて炒め合わせます。チャーハンの味つけに使っても。

おすすめ料理

・なすチンジャオロース
・ひき肉もやしのあんかけそば
・ねぎと黒こしょうのチャーハン

回鍋肉のたれ

保存
10日
(冷蔵)

ごはんが進む味噌炒めだれ。甜面醤（テンメンジャン）は味噌に少量の砂糖を入れて代用可能です。豚ロース肉の塊をゆで豚にしてそれを2〜3mmの厚さに切って使うと本格的な味わいに。

材料（2人分）

甜麺醤…大さじ1
醤油…大さじ1
酒…大さじ1
砂糖…大さじ1

作り方

1 すべての材料を混ぜ合わせる。

使い方

豚バラ肉とみじん切りにしたにんにく、しょうがを炒め、キャベツを加えます。しんなりしたら回鍋肉（ホイコーロー）のたれを加えます。もち米2合にこのたれを加えて炊いておこわにしても。

おすすめ料理

・なすとピーマンの甘味噌炒め
・甘味噌中華おこわ
・焼き味噌おにぎり

油淋鶏のたれ

保存
7日
（冷蔵）

ねぎとしょうが、にんにくが入った油淋鶏（ユーリンチー）のたれは香りがよく、使い勝手のよいたれ。中華風にもエスニック風にもできます。醤油と砂糖、酢は1：1：1です。

材料（2人分）

長ねぎ…50g
にんにく、しょうが…各1片
赤唐辛子（輪切り）…1/2本
醤油…大さじ2
砂糖…大さじ2
酢…大さじ2
ごま油…大さじ1/2

おすすめ料理

・チヂミのたれ
・なすとみょうがと豚肉の中華炒め
・マグロとパクチーのエスニック和え

作り方

1 長ねぎとにんにく、しょうがはみじん切りにする。

2 すべての材料を混ぜ合わせる。

使い方

塩、こしょう、酒で下味をつけた鶏肉に片栗粉をまぶして揚げ、たれをたっぷりかけます。ゆで鶏やチヂミなどにかけてもおいしいです。炒め物にも。

油淋鶏のたれを使って

ちりめんとろろ豆腐

ねぎたっぷりの甘酸っぱいたれが豆腐と山いもによくからむ

材料（2人分）

長いも…6cm ほど
木綿豆腐…150g
塩昆布…大さじ 1
ちりめんじゃこ…大さじ 3
ごま油…大さじ 1
油淋鶏のたれ…大さじ 3
しそ…4 枚

作り方

1　長いもはビニール袋に入れ、すりこぎなどで叩いて、粗く潰してボウルに入れる。木綿豆腐はひと口大にちぎって長いもと合わせる。

2　ちりめんじゃこはごま油で香ばしく炒める。

3　1 のボウルに 2 と塩昆布、油淋鶏のたれを入れて混ぜ、しそをちぎって加えて軽く混ぜる。

ナンプラーだれ

保存
7日
(冷蔵)

ナンプラーにレモン汁と砂糖を合わせたタイ料理の定番だれ。レモンの酸味がナンプラーとよく合います。揚げ春巻きや生春巻き、バインセオ(ベトナム風オムレツ)のつけだれとしても。

材料(2人分)

レモン汁（または酢）
…大さじ 1
ナンプラー…大さじ 1
水…小さじ 2
にんにく（チューブでも可）
…1 片（小さじ 1）
砂糖…小さじ 1/2
赤唐辛子（輪切り）
…1/2 〜 1 本分

作り方

1 にんにくはみじん切りにする。

2 すべての材料を混ぜ合わせる。

おすすめ料理

・タイ風冷ややっこ
・パクチーサラダ
・タイ風焼き飯

使い方

パクチーや紫玉ねぎとの相性がよく、蒸し鶏や冷ややっこなどにたっぷりかければ手軽にタイ料理が完成します。ドレッシングとして野菜との相性も◎。唐辛子の量は調整してください。

プルコギのたれ

保存
7日
(冷蔵)

牛肉と具材を甘辛いたれにつけてから炒めるプルコギ。香味野菜をたっぷり漬け込むと美味。肉じゃがや焼きうどんをこのたれで作れば、簡単に韓国料理が完成します。

材料(2人分)

醤油…大さじ 1 と 1/2
酒…大さじ 1 と 1/2
砂糖…大さじ 1/2
みりん…大さじ 1
コチュジャン…小さじ 1 と 1/2
ごま油…大さじ 1
にんにく（チューブでも可）
…1/2 片分（小さじ 1/2）

作り方

1　にんにくはみじん切りにする。

2　すべての材料を混ぜ合わせる。

使い方

ひと口大に切った牛肉をたれに漬け込み、みじん切りにしたにんにくと野菜とともに汁ごと炒めます。残ったたれでチャーハンを作るのもおすすめです。

おすすめ料理

・韓国風焼うどん
・プルコギ肉じゃが
・豚肉のサンドイッチ

ヤンニョムチキンだれ

保存
7日
（冷蔵）

ヤンニョムとは韓国の合わせ調味料のことで、コチュジャン、にんにく、砂糖などで作る甘辛いソース。甘辛い味つけはごはんにもビールにもよく合います。

おすすめ料理

・韓国風ミートボール
・さつまいもとウインナーの
　ヤンニョム和え

材料（2人分）

コチュジャン…大さじ 2
ケチャップ…大さじ 2
醤油…大さじ 1
酒…大さじ 1
みりん…大さじ 1
砂糖…大さじ 1
はちみつ…大さじ 1 弱
ごま油…大さじ 1
にんにくすりおろし…小さじ 1

作り方

1　鍋にすべての材料を合わせて火にかける。

2　砂糖がしっかり溶け、混ぜてとろみがついたら火を止める。

使い方

塩と酒で下味をつけた鶏肉（ももでも胸でも）に片栗粉をまぶして揚げてからたれをからめます。ヤンニョムチキンだれはチーズとの相性がよく、トッポギのたれとしても使えます。

ヤンニョムチキンだれを使って

トマトのビビンそうめん

甘辛いヤンニョムチキンのたれにトマトが合わさってよいアクセントに

材料（2人分）

きゅうり…1/2 本
トマト（小さめ）…1 個（100g）
白菜キムチ…60g
ごま油…大さじ 1
そうめん…2 束
ヤンニョムチキンだれ…大さじ 4
酢…小さじ 1
いりごま…少々
ゆで卵…1 個

作り方

1 きゅうりは千切りにする。トマトはひと口大に切る。

2 ボウルにトマトと白菜キムチ、ごま油を入れて混ぜる。そうめんはゆでて水に取り、絞る。

3 別のボウルに入れてヤンニョムチキンだれ、酢を加え混ぜ、そうめんを加えて和える。

4 器に 3 を盛り、きゅうりと 2 、ゆで卵をのせる。ごまをふる。

から揚げの漬けだれ

保存
7日
（冷蔵）

しょうがとにんにくを効かせた醤油味の下味レシピ。たれが肉全体に行き渡るようにしっかりもみ込み、漬けこんだ状態で冷凍もできます。

材料（鶏もも肉1枚分）

酒…大さじ1
醤油…大さじ1
しょうが（チューブでも可）
…1/2片（小さじ1）
にんにく（チューブでも可）
…1/2片（小さじ1）

使い方

大きめに切った鶏肉に塩少々（分量外）をもみ込み、たれに30分以上漬け込み、片栗粉をまぶして170度で5～6分揚げます。粉をまぶす前にごま油大さじ1を混ぜると風味がつきおいしいです。

作り方

1 しょうがとにんにくはすりおろす。

2 すべての材料を混ぜ合わせる。

おすすめ料理

・ぶりの竜田揚げ
・薄切り豚肉のカリッと揚げ
・ごままぶしイカ揚げ

塩から揚げの漬けだれ

保存
7日
（冷蔵）

しょうがが効いた塩から揚げのたれ。生のしょうがを使うと風味よく仕上がります。ごはんのおかずにも酒のつまみにもぴったり。シンプルですがクセになる味わいです。

材料（鶏もも肉2枚分）

酒…大さじ2
塩…鶏肉の重量の1%
しょうが汁…小さじ1

作り方

1　すべての材料を混ぜ合わせる。

使い方

大きめに切った鶏肉をたれでもみ込み、冷蔵庫で30分以上つけてから片栗粉をまぶして170度で4〜5分揚げます。塩が決め手なので、肉の重さを計ってその1%分にすると味が決まります。炒め物や和え物にもぴったりの風味。

おすすめ料理

・ねぎ塩だれから揚げ
・豚とパプリカの塩だれ和え
・塩から揚げレモンソースがけ

玉ねぎだれ

保存
5日
（冷蔵）

玉ねぎにはたんぱく質分解酵素（アミラーゼ）が含まれ、漬け込むことで肉をやわらかくしてくれます。にんにくとしょうがを含んだこのたれなら下味もしっかりつけてくれます。

材料（2人分）

玉ねぎ…1/2 個
にんにく…1 片
しょうが…1 片
酒…大さじ 1 と 1/2
サラダ油…大さじ 1/2
塩…小さじ 1/4

作り方

1　玉ねぎ、にんにく、しょうがはみじん切りにする。

2　すべての材料を混ぜ合わせる。

使い方

豚肉や鶏肉、牛肉を玉ねぎだれに 30 分ほど漬けてから焼きます。玉ねぎは加熱すればそのままソースとして使えて一石二鳥。玉ねぎソースに醤油やポン酢を加えてアレンジしてもおいしい。

おすすめ料理

・ひと口ステーキ
・豚肩ロースのトンテキ
・ローストビーフ

Arrange Recipe

玉ねぎだれを使って

シャリアピンポークステーキ

漬け込んだ玉ねぎだれにほんの少し醤油を足せば立派なソースに

材料（2人分）

豚肩ロース肉厚切り…2枚　　玉ねぎだれ…2人分　　　いんげん…10本くらい
じゃがいも…1個　　　　　　塩、こしょう、醤油、パルメザンチーズ…各少々

作り方

1. バットなどに玉ねぎだれを薄く引き、すじを切り軽く塩、こしょうをふった豚肉をおき、残りの玉ねぎだれをのせて埋めるようにする。冷蔵庫で1時間ほど漬け込む。

2. じゃがいもは皮をむいてゆで、やわらかくなったらお湯を捨てる。鍋を揺すりながら、じゃがいもに粉がふいてきたら火を止め、塩とパルメザンチーズをふる。

3. 玉ねぎだれを取り除く（たれは後で使用）。フライパンで豚肉を中火で両面焼き、同時にいんげんもいっしょに焼いて塩をふり、器に盛る。

4. 玉ねぎだれをフライパンに戻し入れ、中火で温める。醤油を加えてさっと混ぜ、肉にたっぷりとのせる。じゃがいもといんげんを添える。

保存
7日
（冷蔵）

定番餃子のたれ。鶏がらスープのコクに醤油、はちみつが
合わさった、誰でも食べやすい味つけで、どんな具材にも
使える万能な混ぜ込みたれです。

材料（約20個分目安）

酒…大さじ1
醤油…大さじ1/2
はちみつ…大さじ1/2
ごま油…大さじ1/2
塩…小さじ1/2
鶏がらスープの素…大さじ1

作り方

1　すべての材料を混ぜ合わせる。

使い方

餃子20個分で肉が150g、野菜が合
わせて150ｇが目安の分量。好みで
すりおろしたしょうがやにんにくを入
れ、たれを加えて粘りが出るまで練っ
て皮で包みます。

おすすめ料理

・肉まん
・おいなりさん餃子
・照り焼きつくね
・餃子卵焼き
・餃子中華スープ

ウーシャン餃子の混ぜ込みたれ

保存
7日
（冷蔵）

中国の代表的な混合スパイスのウーシャンフェン（五香紛）。八角やクローブ、花椒など5種類のスパイスをブレンドしたものです。

おすすめ料理

・れんこん五香紛餃子
・大根とひき肉団子スープ
・しいたけ入り五香紛餃子

材料（約20個分目安）

しょうがすりおろし（チューブでも可）
…1片（小さじ1）
醤油…大さじ1/2
はちみつ…大さじ1/2
ごま油…大さじ1/2
塩…小さじ1/2
鶏がらスープの素…大さじ1
酒…大さじ1
五香粉…小さじ1/4〜1/3（お好みで）

作り方

1　すべての材料を混ぜ合わせる。

使い方

餃子を56ページの「使い方」と同様に作ります。五香粉の代わりに山椒などでもよく、ほんの少し入れることで味の印象が変わります。

タンドリーチキンの漬け込みだれ

保存
5日
（冷蔵）

家庭で作りやすい材料で本格的な味が楽しめる配合です。ヨーグルトにつけることで肉がやわらかくなります。キャンプなどの漬け込みだれとしても優秀。

おすすめ料理

・タンドリーラム
・白身魚のタンドリー
・玉ねぎと豚肉の漬け込み焼き

材料（鶏もも肉1枚分）

プレーンヨーグルト…50g
にんにくすりおろし、しょうがすりおろし
（チューブでも可）…各1片分（各小さじ1）
トマトケチャップ…大さじ1と1/2
カレー粉…小さじ1
オリーブオイル…小さじ1
塩…小さじ1/3
こしょう…少々

作り方

1　すべての材料を混ぜ合わせる。

使い方

ひと口大に切った鶏もも肉を、混ぜ合わせたたれに1時間半から半日漬け込みます。肉を取り出し、220度のオーブンで10〜15分焼けば完成です。野菜炒めのたれにしても。

タンドリーチキンの漬け込みだれを使って

タンドリーラム

ひと晩漬けてオーブンで焼くだけ、冷めてもおいしいジューシーなラム

材料(2人分)

ラムチョップ…4 〜 6 本　　　　　　　　　ミニトマト…8 個
タンドリーチキンの漬け込みだれ…（2 人分）　　パクチー…適量

作り方

1. タンドリーチキンの漬け込みだれを袋などに入れ、そこにラムチョップを入れてひと晩漬け込む。焼く前にオーブンを 220 度に温めておく。

2. ミニトマトを半分に切る。オーブンの温度が上がったら、つけだれからラムチョップを取り出して（つけだれがついたままでよい）、オーブンシートを敷いた天板に並べて約 15 分焼く（後でミニトマトを入れるので、手前を少し開ける）。

3. 残り 5 分になったら、一度オーブンを開け、ミニトマトを並べて焼く。

4. 器に盛り付け、ざく切りにしたパクチーを添える。ミニトマトをソースのようにラムチョップにのせて食べてもおいしい。

ごま和え衣

保存
7日
（冷蔵）

和え衣・酢

和え物や酢の物に使える合わせ調味料をまとめました。ゆで野菜などにさっと和えるだけで副菜ができます。

写真は白ごまですが、黒ごまで作っても風味豊かな仕上がりになります。春菊やセリなど香りの強い野菜には黒ごまがおすすめ。砂糖の量は好みで調節してください。

材料（2人分）

すりごま（白、黒の
どちらでも可）…大さじ 2
砂糖…小さじ 2
醤油…小さじ 2
だし汁（または水）
…小さじ 1

作り方

1 砂糖と醤油を合わ
せてよく混ぜる。

2 すりごまを加えて
混ぜる。

使い方

ほうれん草 1 束（200g 弱）に使える量です。ほうれん草やさやいんげんなどをゆで、水気を切って食べやすい大きさに切ったら、和え衣で和えます。ごまだれとしても使えます。

おすすめ料理

・ごぼうとささみのごま和え
・トマトのごま和え
・カマンベールの
ごまだれのせ

梅和え衣

保存
10日
（冷蔵）

青菜やきゅうりだけでなく、えのきだけやにんじんなどでも
おいしい万能な和え衣。みりんは少しだけなので煮切って
いませんが、アルコールが気になるなら砂糖で代用を。

材料（2人分）

梅干し…1個
みりん…小さじ 1/2
醤油…小さじ 1/3
かつおぶし…ひとつまみ

使い方

野菜など好みのものを、加熱が必要
な食材ならゆでるなど下ごしらえをし
て和えます。塩分などで食材から水が
出るので、食べる直前に和えるように
しましょう。

作り方

1 梅干しは種を取り、包丁で叩く。

2 すべての材料を混ぜ合わせる。

おすすめ料理

・小松菜の梅和え

・アスパラガスの梅和え

・納豆のたれ

保存
3日
（冷蔵）

レシピは木綿豆腐を使っていますが、絹豆腐でも作れます。絹豆腐で作った白和えはよりクリーミーな仕上がりです。食材に合わせて好みを見つけてください。

材料（2人分）

木綿豆腐…150g
練りごま…15g
砂糖…大さじ1/2
醤油…小さじ1/2
塩…少々

作り方

1　豆腐は皿などをのせておもしをして30分ほどおき、水切りをする。

2　ボウルに豆腐以外の材料を入れて混ぜ、1 の豆腐を加え、つぶしてなめらかになるよう混ぜる。

おすすめ料理

・ほうれん草とにんじんの白和え
・春菊と柿の白和え
・ひじきの白和え

使い方

好みの食材をゆでてしっかり水切りしてください。ぎゅっとしぼってから和えることで仕上がりがよくなります。

クリームチーズの白和え衣

保存
3日
(冷蔵)

水切りした木綿豆腐にクリームチーズを混ぜた和え衣は、和洋問わず使えます。プレーンなクリームチーズでもおいしいですが、にんにくやハーブ風味のものもおすすめです。

材料(2人分)

木綿豆腐…100g
クリームチーズ…50g
マヨネーズ…大さじ1
柚子こしょう…小さじ1/2
醤油…小さじ1/4
砂糖…ひとつまみ
塩…少々

おすすめ料理

・アボカドの白和え
・サーモンとクレソンの白和え
・エビとじゃがいもの白和え

作り方

1　豆腐は皿などをのせて重しをして30分ほどおき、水切りをする。クリームチーズは室温に戻し、やわらかくしておく。

2　ボウルに残りの材料を入れて混ぜ、1 を加えて豆腐をつぶしてなめらかになるよう混ぜる。

使い方

下ごしらえした食材に和えます。青菜だけでなく、アボカドやタコ、エビなど魚介類もおいしいです。

ナムルだれ

保存
7日
（冷蔵）

定番のもやしやにんじん、ほうれん草、小松菜はもちろん、
おかひじきやわかめ、切り干し大根などさまざまな食材で
使えます。もう一品必要なときにさっとできて便利です。

材料（2人分）

ごま油…大さじ 1
塩…小さじ 1/3
にんにくすりおろし
（チューブでも可）…少々
粗びき黒こしょう…少々

作り方

1　すべての材料を混ぜ合わせる。

使い方

ナムルは和える前に食材の水分をしっかり切ることが大切。ごま油：塩は 9：1 と覚えましょう。仕上げにごまをふっても。

おすすめ料理

・もやしにんじん、小松菜の
　ナムル
・わかめとねぎのナムル
・ブロッコリーのナムル
　フライドオニオンのせ

アレンジナムルだれ

保存
7日
（冷蔵）

ピリ辛が好きな場合はちょっとコチュジャンや豆板醤を加えても。アレンジナムルだれには醤油も入っているので魚介との相性もよくおすすめです。

材料（2人分）

ごま油…大さじ1
醤油…大さじ1
コチュジャン…小さじ1
豆板醤…少々
にんにくすりおろし
（チューブでも可）…少々

作り方

1 すべての材料を混ぜ合わせる。

使い方

ゆでた野菜など水気がある食材は和える前によくしぼること。ちくわやかにかま、ゆでたささみを和えれば、ボリュームのある副菜に。

おすすめ料理

・小松菜とかにかまのナムル
・さっとゆでたレタスのナムル
・さきいかときゅうりのナムル

おひたしだし

菜の花、なす、きのこ、ほうれん草など季節のさまざまな野菜に使える漬け込み液です。

野菜を30分ほど漬けたり、盛りつけるときに食材がひたひたになる程度にたくさん入れてだしごと食べたりしてもOK。夏場は冷やしてもおいしいです。

材料（約300ml）

水…500ml
昆布…5cm（約3g）
かつおぶし…10g

塩…小さじ 1/2
薄口醤油…小さじ 1/2
（なければ醤油）

作り方

1 鍋に水と昆布を入れて 30 分ほどおく。

2 1 の鍋を中火にかけ、小さな泡が出てきたら、沸騰する前に昆布を取り除く。

3 沸騰したらかつおぶしを加えて火を止め、かつおぶしが沈むまで置いておく。かつおぶしが沈んだら、ざるで濾す（かつおぶしの粉が気になるならキッチンペーパーをひく）。

4 塩、薄口醤油を加えて混ぜる。

すし酢

保存
14日
（冷蔵）

すし酢は酢飯だけでなく、甘酢和えや、醤油と油をちょっと足した和風ドレッシングなど、幅広く使えます。みょうがやきゅうり、新しょうがなどの甘酢漬けもおすすめ。水溶き片栗粉でとろみをつけて甘酢あんにも。

材料（米2合分）

酢…大さじ4
砂糖…大さじ2
塩…小さじ1

作り方

1 すべての材料をよく混ぜ合わせ、砂糖を溶かす。

※子どもや酢が苦手な人は酢を大さじ3にするとまろやかなすし酢になります。

使い方

ちょっと固めに炊き上げた米に混ぜて使います。加える量は味見して調整してください。好みの油と混ぜてドレッシングにしたり、甘酢として使ったりもできます。

おすすめ料理

・ちらし寿司
・大根と柚子の甘酢和え
・豆腐サラダのドレッシング

保存
10日
（冷蔵）

もともと三杯酢は酢、醤油、みりんを同量ずつ合わせたものですが、食べやすくアレンジ。薄口醤油を使っているので食材の色がきれいに出ます。

材料（2〜3人分）

酢…大さじ 3
砂糖…大さじ 1
水…大さじ 2
薄口醤油…大さじ 1
（なければ醤油）

作り方

1 すべての材料をよく混ぜ合わせ、砂糖を溶かす。

使い方

もずくなどはもちろん、ホタテや生牡蠣など貝類にかけても。柑橘の季節にはすだちや柚子などを薄く切って入れるとさわやかに仕上がります。

おすすめ料理

・もずく酢
・たこときゅうりの酢の物
・みかんと大根、ホタテの和え物

土佐酢

だしで割っているので
やさしい酸味で食べやすい土佐酢。
揚げたなすやおくら、きゅうり、
わかめなどが定番でおいしく、
夏の暑い日に使いたい味わいです。

保存
7日
（冷蔵）

使い方

野菜の揚げ浸しのほか、豚しゃぶやゆで鶏にかけたり、きゅうりやみょうがとうなぎを和えたうざくにしたり、肉や魚によく合います。酢の物が苦手な人にもおすすめです。

材料（約80ml）

水…50ml
酢…50ml
薄口醤油…大さじ1
砂糖…大さじ1
かつおぶし…5g

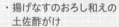
おすすめ料理

・揚げなすのおろし和えの
　土佐酢がけ

・あじフライ
　（わさびと土佐酢を添えて）

・ささみとルッコラの
　土佐酢和え

作り方

1　鍋にかつおぶし以外の材料をすべて
　　入れて火にかける。

2　煮立ったらかつおぶしを入れて弱火
　　で1分煮て火を止める。

3　かつおぶしが沈んだら、ざるで濾し
　　て冷ます（ざるにキッチンペーパー
　　を引いてもよい）。

Point

オリーブオイルやごま油を足して
ドレッシングにも。

焼きしゃぶと香味野菜の土佐酢がけ

香り高いねぎやみょうがをほんのり酸っぱい土佐酢が引き立てる

材料（2人分）

豚肩ロースしゃぶしゃぶ用
（好みの部位で可）…6〜8枚
長ねぎ…1/3 本
みょうが…2 個
しそ…5 枚
大根…4cm
塩…適量
土佐酢…大さじ 4

作り方

1　しそ、みょうがは千切り、長ねぎは白髪ねぎにする。みょうがと長ねぎはそれぞれ水につける。大根はすりおろして軽く水気を切る。

2　フライパンを弱めの中火で温め、豚肉を両面さっと焼き、塩をふる（フライパンがテフロン加工でないなら少しサラダ油をひく）。

3　器の中央に 2 をのせ、水気を切った 1 をまわりにのせ、土佐酢をかける。

Arrange Recipe

つゆ&煮汁

水の量も合わせて覚える

つゆや煮物は調味料に対する水やだし汁の量を合わせて覚えることが大切です。基本の量をもとに具材の量などを見て調整してください。

炊きこみごはん（おこわ）

五目炊き込みごはんやおこわなどに幅広く使えます。肉や魚などだしが出るもののときはだし汁ではなく水で。

材料（2合分）

【醤油】大さじ1		×1
【みりん】大さじ1		×1
【酒】大さじ1		×1
【塩】小さじ1/2		×1/2
【だし汁（または水）】400ml		×4

作り方

1. 米は洗って炊飯器に入れ、調味料とだし汁（または水）を内釜の目盛りに合わせて入れ混ぜる。

2. 具材をのせて、炊飯する。

※五目ごはんや鶏めしのようにしっかり味をつけたいときは、醤油大さじ2、みりん大さじ2、酒大さじ1、だし汁（または水）360mlにするとよいでしょう。

丼つゆ

丼つゆは醤油とみりんを1：2で合わせたものをだし汁（または水）で4倍に薄めると覚えておけば困りません。

材料（2人分）

【醤油】
25ml 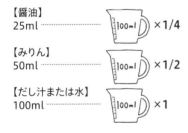 ×1/4

【みりん】
50ml ×1/2

【だし汁または水】
100ml ×1

作り方

1　すべての材料を混ぜ合わせ、具材を煮る。

Point

親子丼や他人丼など
肉を入れるときは
だし汁でなく水でOK。

おすすめ料理

・親子丼
・豚カルビ丼
・白菜とツナのあんかけ丼
・卵とひき肉の丼

おでんだし

おでんを煮るときは大根など味をしみこませたいものは先に、練り物やこんにゃくは後に入れるのがコツです。

材料（2人分）

【醤油】
大さじ2  ×2

【みりん】
大さじ4 ×4

【塩】
小さじ1と1/2 ×1と1/2

【だし汁】
1500ml ×15

作り方

1　すべての材料を混ぜ合わせ、具材を煮る。

おすすめ料理

・鶏手羽と大根の煮物
・牛すじおでん
・ソーセージとトマト入りおでん

ちらし寿司の
具の煮汁

にんじんや干ししいたけ、れんこん、油揚げなどのちらし寿司の具を煮るときの甘めの味つけです。

材料（3〜4人分・米2合分程度）

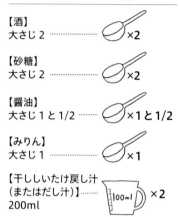

【酒】
大さじ2 ┈┈┈┈┈┈ ×2

【砂糖】
大さじ2 ┈┈┈┈┈┈ ×2

【醤油】
大さじ1と1/2 ┈┈┈ ×1と1/2

【みりん】
大さじ1 ┈┈┈┈┈┈ ×1

【干ししいたけ戻し汁
（またはだし汁）】┈┈┈ ×2
200ml

作り方

1　すべての材料を混ぜ合わせ、煮汁がほとんどなくなるまで具材を煮る。

いなり煮

いなり煮は砂糖がたっぷり入った煮汁です。醤油に対して砂糖が倍ちかく入るので、甘い煮豆にも使えます。

材料（油揚げ5枚分）

【砂糖】
大さじ4 ┈┈┈┈┈┈ ×4

【醤油】
大さじ2と1/2 ┈┈┈ ×2と1/2

【水】
300ml ┈┈┈┈┈┈ ×3

作り方

1　すべての材料を混ぜ合わせ、具材を煮る。

Point

砂糖は常温では溶けないので、煮溶かしてから油揚げを入れる。

> おすすめ料理

・うずら豆の煮物

・大根のべっこう煮

・しいたけの甘煮

・鶏と厚揚げの煮物

だし煮の煮汁
（甘くない煮物つゆ）

たけのこの煮物など甘くない味つけにしたいときに使える煮汁です。だしをしっかりとればよりおいしくなります。

材料（2人分）

【酒】
大さじ 1 .... 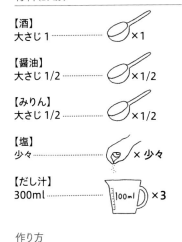 ×1

【醤油】
大さじ 1/2 .... ×1/2

【みりん】
大さじ 1/2 .... ×1/2

【塩】
少々 .... × 少々

【だし汁】
300ml .... 100ml ×3

作り方

1　すべての材料を混ぜ合わせ、具材を煮る。

おすすめ料理

・かぶのだし煮
・若竹煮
・ふろふき大根
・冬瓜とひき肉のだし煮

肉じゃがの煮汁
（甘辛煮物つゆ）

肉じゃがから、大根と鶏の煮物やイカと里芋の煮物など幅広く使える煮汁。ひじき煮などもこの味付けで。

材料（2人分）

【醤油】
大さじ 3 ....  ×3

【みりん】
大さじ 2 .... ×2

【砂糖】
大さじ 1 .... ×1

【だし汁】
300ml .... 100ml ×3

作り方

1　すべての材料を混ぜ合わせ、具材を煮る。

おすすめ料理

・鶏手羽と大根の煮物
・かぼちゃとひき肉のそぼろ煮
・筑前煮
・牛ごぼう煮

煮魚の煮汁
（甘辛い味つけ）

煮魚全般に使えます。魚の煮つけの煮汁はひたひたではなく、半分くらい浸かった状態で落としぶたをして煮ます。

材料（2人分）

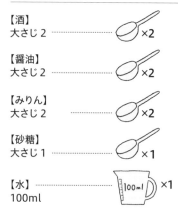

【酒】
大さじ 2 .... ×2

【醤油】
大さじ 2 .... ×2

【みりん】
大さじ 2 .... ×2

【砂糖】
大さじ 1 .... ×1

【水】
100ml .... ×1

作り方

1　すべての材料を混ぜ合わせ、煮立ったら魚を入れて火を弱める。

2　落としぶたをして、煮汁が 1/3 量くらいになり、少しトロリとするくらいまで煮る（目安：5 ～ 8 分。魚の大きさなどによる）。途中、煮汁をかけながら煮ると味がよく入る。

ぶり大根の
煮汁

しょうがとたっぷりの酒が入るぶり大根の煮汁は、魚と野菜（さばとなすなど）を煮るときに重宝します。

材料（2人分）

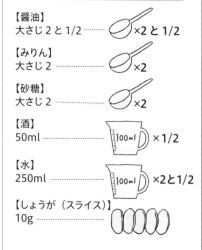

【醤油】
大さじ 2 と 1/2 .... ×2 と 1/2

【みりん】
大さじ 2 .... ×2

【砂糖】
大さじ 2 .... ×2

【酒】
50ml .... ×1/2

【水】
250ml .... ×2と1/2

【しょうが（スライス）】
10g ....

作り方

1　下ゆでした大根と霜降りしたぶりを酒と水で煮る。

2　煮立ったら、砂糖としょうがを加えて、弱火で煮る（目安：10 分）。

3　醤油とみりんを加えて煮る（目安：15 分）。最後に煮汁を少し煮つめる。

さばの味噌煮の
煮汁（赤味噌）

酒の量を増やし、しょうがをたっぷりのせた赤味噌のさばの味噌煮。こっくりと上品な仕上がりになります。

材料（2人分）

【赤味噌】
大さじ 2 ‥‥‥‥‥ 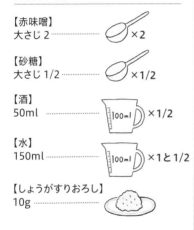 ×2

【砂糖】
大さじ 1/2 ‥‥‥‥ ×1/2

【酒】
50ml ‥‥‥‥‥‥ 100ml ×1/2

【水】
150ml ‥‥‥‥‥ 100ml ×1と1/2

【しょうがすりおろし】
10g ‥‥‥‥‥‥‥

作り方

1 鍋に水と調味料を入れて中火にかけ、しっかり溶かす。

2 さばを入れて中弱火で煮る（目安：10分。途中、煮汁をかけながら煮ると味が入る）。煮汁が減ってゆるいとろみがついたら器に盛る。

3 最後にしょうがをたっぷりのせる。

さばの味噌煮の
煮汁

一般的なさばの味噌煮の煮汁です。難しいイメージがありますが、煮汁をかけながら煮るだけと実は簡単です。

材料（2人分）

【味噌】
大さじ 1 ‥‥‥‥‥ 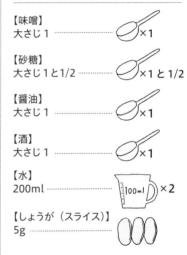 ×1

【砂糖】
大さじ 1と1/2 ‥‥ ×1と1/2

【醤油】
大さじ 1 ‥‥‥‥‥ ×1

【酒】
大さじ 1 ‥‥‥‥‥ ×1

【水】
200ml ‥‥‥‥‥ 100ml ×2

【しょうが（スライス）】
5g ‥‥‥‥‥‥‥‥

作り方

1 鍋に水と調味料を入れて中火にかけ、しっかり溶かす。

2 さばとしょうがを入れて中弱火で煮る（目安：10分。途中、煮汁をかけながら煮ると味が入る）。煮汁が減ってゆるいとろみがついたら器に盛る。

豚の梅角煮の煮汁

だし汁と梅干を使い、和風にさっぱり仕上げた梅角煮。鶏手羽肉をこの味付けで煮てもおいしい。

材料（豚肉 600～700g 分）

【梅干し】
2 個 ………………………  ×2

【みりん】
大さじ 3 ……………………… ×3

【塩】
小さじ 1/2 ～ ……………………… ×1/2 ～
（梅干しの塩分量に合わせて調整する）

【だし汁】
300ml ……………………… ×3

【酒】
100ml ……………………… ×1

【豚肉のゆで汁】
（豚肉を下ゆでしたときのゆで汁。冷まして浮いた脂を取り除く）
100ml ……………………… ×1

作り方

1. 下ゆでした豚肉を 3cm 角に切り、すべての材料を入れて煮る。沸騰したら弱火で 50 分ほど煮る。

2. 豚肉が十分やわらかくなったら、煮汁を煮つめて 1/3 量くらいになったら火を止める。

豚の角煮の煮汁

豚肉を下ゆでし、そのゆで汁と酒を使います。ひたひたの煮汁で煮て、仕上げに煮つめるのがおいしく作るコツ。

材料（豚肉 600～700g 分）

【醤油】
大さじ 5 ……………………… 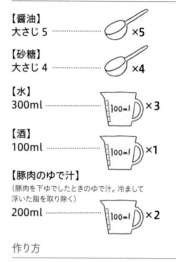 ×5

【砂糖】
大さじ 4 ……………………… ×4

【水】
300ml ……………………… ×3

【酒】
100ml ……………………… ×1

【豚肉のゆで汁】
（豚肉を下ゆでしたときのゆで汁。冷まして浮いた脂を取り除く）
200ml ……………………… ×2

作り方

1. 下ゆでした豚肉を 3cm 角に切り、とすべての材料を入れて煮る。沸騰したら弱火で 60 分ほど煮る。

2. 豚肉が十分やわらかくなったら、煮汁を煮つめて 1/3 量くらいになったら火を止める。

第 2 章

洋のソース＆塩 ドレッシング・オイル

ベシャメルソースやトマトソースからドレッシング、フレーバー塩やオイルなど、洋の料理で使えるソースを中心に紹介しています！

ソース

洋食を作るときに知っておくと便利なソースを紹介します。しっかり作ればいつもの料理がワンランクアップします。

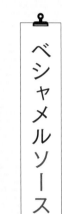

ベシャメルソース

ベシャメルソースはグラタンやシチューに使える白いソース。冷凍できるのでまとめて作っておくと便利です。

保存
30日
（冷凍）

使い方

炒めた具材や、ゆでたマカロニやグラタンの上にこのソースとチーズをのせて焼けばグラタンやドリアが簡単に作れます。

材料（約 300ml 分）

バター…30g
小麦粉…30g
牛乳…500ml
塩…小さじ 1/4

こんなレシピに

・グラタン
・ケチャップチキンドリア
・クロックムッシュ
・クリームコロッケ
・ホワイトシチュー

作り方

1　フライパン（または鍋）にバターを中火で溶かす。

2　バターが泡立ってきたら、小麦粉を加えて混ぜる。

3　小麦粉に十分に火が入り、サラリとしてきたら火から外し、牛乳を少し加えて混ぜる。

4 再び火に戻し、残りの牛乳を少しずつ加え混ぜていく。

☆Point☆

泡だて器を使うと
ダマができにくい。

5 牛乳をすべて入れ終わったら、最後、しっかり沸騰させ、2/3量くらいになるまで煮つめ、塩で味つけする。

☆Point☆

クリームコロッケなど、少ししっかりした固めのベシャメルソースを作りたいときは、牛乳の量を減らして調整する。

ベシャメルソースを使って

長ねぎのグラタン
とろっと甘いねぎとベシャメルソースがよく合う

材料（2人分）

長ねぎ…2本
┌ 水…200ml
A コンソメ（顆粒）…小さじ1
└ 塩…少々
ベシャメルソース…200g
ピザ用チーズ…50g

作り方

1 長ねぎは約3cmの長さに切る。

2 フライパンに 1 を並べ転がしながら弱火で焼く。焼き色が程よく付いたら、A を入れ、沸騰したら弱火にして長ねぎがやわらかくなるまで煮る。

3 耐熱容器に 2 を並べ、ベシャメルソースをかける。チーズをのせトースターで焼き色がつくまで焼く。

Arrange Recipe

トマトソース

汎用性の高いトマトソースは
トマト缶と具材を煮込むだけと、
作り方も簡単。コクが出ないときは
コンソメやウスターソースを
少量足してみましょう。

使い方

肉や魚、パスタにかけるだけでいろいろな料理が作れます。
炒め物や、しょうがと合わせて和風の煮物にも。

材料(約2人分)

玉ねぎ…1/4個
にんにく…1片
オリーブオイル…大さじ2
トマト缶…1缶（約400g）
塩…小さじ1/4
はちみつ…小さじ2

おすすめ料理

・トマトソースパスタ
・チキンと野菜のグリルの
　トマトソースがけ
・トマトしょうが焼き

作り方

1　玉ねぎとにんにくはみじん切りにする。フライパンにオリーブオイルを熱し、にんにく、玉ねぎを弱火で炒める。

2　玉ねぎがうっすらと色づいてきたら、トマト缶を入れて中火にし、煮立ったら弱火にして2/3量くらいになるまで煮込む。

3　味見をして酸味が強いと感じたら、さらに煮込み時間を5〜10分を目安に足していく。はちみつを加え、塩を入れて味を調整する。

Point

用途によって、煮込み時間を調整する。

トマトソースを使って

トマトのパスタ　ブッラータ風

レンチンしたモッツァレラチーズをとろ〜りとかけて簡単ブッラータ風

材料（2人分）

スパゲッティーニ…160g
トマトソース…（2人分）
モッツァレラチーズ
…1/2個
生クリーム…大さじ2
塩、オリーブオイル…適量

作り方

1. スパゲッティーニは塩（分量外・水に対して0.5〜1%）を入れた湯でゆでる。

2. フライパンにトマトソースを入れて軽く温める。

3. 2 にゆであがったパスタを入れて、ゆで汁や塩、オリーブオイルで味を調整する。器に盛り付ける。

4. 耐熱の容器にモッツァレラチーズを小さくちぎり、生クリームを加えて混ぜ、電子レンジで30秒加熱し、3 にかける。

トマトソースを使って

トマトポークジンジャー

しょうが焼きのたれとトマトソースのマリアージュ

材料（2人分）

豚肩ロース薄切り肉
…6枚（好みの部位でよい）
玉ねぎ…100g
トマトソース…80g
しょうが焼きだれ
…（16ページの2人分）
サラダ油…適量
好みの野菜など…適量

作り方

1 豚肉は半分に切る。玉ねぎは5mmの薄切りにする。

2 フライパンを温めサラダ油をひき、玉ねぎと豚肉を炒める。

3 しょうが焼きのたれとトマトソースを入れ炒め合わせる。

4 好みの野菜を器にのせ、3 を盛る。

保存
30日
（冷凍）

トマトソースがあれば短時間で作れます。焼きなすやじゃがいもとの相性がよく、少量のカレー粉を足したり、ペシャメルソースと混ぜてもよいでしょう。

おすすめ料理

・じゃがいものガレットの
　ミーソースがけ
・なすのミートソースチーズ焼き
・ミートカレーの炒めピラフ

材料（2人分）

合びき肉…200g
オリーブオイル…大さじ1
ナツメグ（あれば）…少々
塩…少々
トマトソース…（84ページの2人分）
しょうが…20g

使い方

パスタやドリア以外に、焼いた野菜にかけたり、餃子の皮でつつんで揚げたりしてもおいしいです。

作り方

1　ひき肉に塩とナツメグを混ぜる。しょうがはすりおろす。

2　フライパンにオリーブオイルを熱し、ひき肉を中火で炒める。このとき、あまりさわりすぎず、肉の表面に焼き色がついたら、ほぐすように炒めていく。

3　トマトソースを加え5分ほど煮たら味見をし、必要があれば塩で調整し火を止める。仕上げにしょうがを加えひと混ぜする。

カルボナーラソース

保存
30日
(冷凍)

卵とベーコン、オリーブオイルなど家にある材料で作れます。コクがあるのにあっさりしているので、食べごたえがほしければ、きのこをたっぷり入れるのがおすすめ。

おすすめ料理

・カルボナーラパスタ
・チキンのきのこカルボソース
・カルボリゾット

材料(2人分)

ベーコン(塊)…80g
(スライスベーコンでもよい)
オリーブオイル…大さじ 1/2
卵…2 個
パルメザンチーズ…40g
粗びき黒こしょう…適量

使い方

パスタ以外にポークソテーやチキンソテーにかけたり、炒めたアスパラガスなどを和えたりしてもよいでしょう。

作り方

1 ボウルに卵を割りほぐし、パルメザンチーズと粗びき黒こしょうを入れて混ぜる。ベーコンは棒状に切る。スライスベーコンの場合は短冊切りにする。

2 フライパンにオリーブオイルを熱し、弱めの中火でベーコンをしっかり炒める。

3 1 のボウルにゴムベラを使い、2 をむだなく入れて混ぜ合わせる。

ジェノベーゼソース

保存 **10**日（冷蔵）

ミキサーにすべての材料を入れて混ぜるだけと、とても簡単。バジルが旬な時期に作りたいソースです。

材料（2〜3人分）

A
- バジル…2パック（約30g）
- にんにく…1片
- パルメザンチーズ…大さじ3
- オリーブオイル…75ml
- 松の実…大さじ2

塩、こしょう…少々

使い方

焼いた肉に塗ったり、蒸し野菜にかけたり、パスタと和えたり。焼いたバケットにぬれば簡単ブルスケッタが完成。

作り方

1 Aを合わせて、ミキサーで撹拌する。

2 塩、こしょうで味を調整する。

おすすめ料理

- 牛肉のステーキの
  ジェノベーゼソースがけ
- しらすとジェノベーゼの
  ブルスケッタ
- 魚介のワイン蒸しの
  ジェノベーゼがけ

Arrange Recipe

ジェノベーゼソースを使って

じゃがベーゼ

蒸してつぶしたじゃがいものプラスジェノベーゼソースはシンプルなおいしさ

材料（2人分）

じゃがいも（小）…4個
（200g/ 大きいじゃがいも
を使う場合は、半分に切る）
オリーブオイル…大さじ2
塩…少々
ジェノベーゼソース
…大さじ3
（お好みで好きなだけ）
パルメザンチーズ…適量

作り方

1. じゃがいもは皮ごとやわらかくなるまで蒸す（電子レンジを使う場合は、1個ずつラップで巻いて2〜3分加熱する）。

2. じゃがいもが熱いうちに、木べらで上から押して1個ずつつぶす。完全につぶしきらず、バラバラにならないよう平たくする。

3. フライパンにオリーブオイルをひき、2 を並べて中弱火で表面がカリッとするまで焼く。軽く塩をふる。

4. 器に盛りつけ、ジェノベーゼソースをかけ、パルメザンチーズをふる。

デミグラスソース

少々手間はかかりますが、
その時間の分だけ、おいしい
ソースができあがります。
ハンバーグ以外に
カツレツに添えても！

保存
30日
（冷凍）

使い方

煮込みハンバーグやビーフシチューはもちろん、カツレツや
コロッケなどに添えて洋食屋さん気分を味わっても。

材料 (作りやすい分量・3〜4人分)

玉ねぎ…1/2 個　　　塩…少々
セロリ…1/2 本　　　ベーコン…80g
にんじん…1/3 本　　赤ワイン…400ml
にんにく…1 片　　　カットトマト缶
オリーブオイル　　　…1 缶（約 400g）
…大さじ 1 と 1/2　　はちみつ…大さじ 2 〜 3

> **おすすめ料理**
>
> ・薄切り肉と野菜の
> 　デミグラス煮
> ・薄切り牛肉のカツレツ
> 　デミグラスソースがけ

作り方

1　玉ねぎ、セロリ、にんじんは薄切りにする。ベーコンは 1cm 幅に切る。にんにくはみじん切りにする。

Point

ここでベーコンの旨味を
しっかり出すこと。

2　鍋にオリーブオイルをひき、ベーコンとにんにくを弱めの中火でじっくり炒めて、旨味を出す。

3　玉ねぎ、セロリ、にんじんを加えて塩をふり、くったりとするまで炒める。

4　赤ワインを加えて中火にし、煮立ったらアクをとる。トマト缶を加えてさらに煮込む（目安 :40 〜 50 分）。

5　味見をして、トマトの酸味が丸くなっていたら、ボウルの上にざるなどをのせて漉す。

Point　漉して残った野菜やベーコンは、スープと合わせてポタージュにしたり、ミートボールの具材にしたりしてリメイクするとよい。

6　漉したソースを再び鍋に戻し、はちみつと塩を加えて味を調整し、軽く煮つめる。

デミグラスソースを使って

たっぷりデミグラスのハンバーグ
野菜由来の自然な甘みとフレッシュな酸味は手作りソースゆえ

材料（2人分）

【ハンバーグ】
合びき肉…250g
玉ねぎ…1/3 個（70 ～ 80g）
しょうが…5g
┌ 生パン粉…25g
A（乾燥パン粉の場合は 30g）
└ 牛乳…大さじ 2
┌ 卵（S サイズ）…1 個（約 40g）
│ 生クリーム…大さじ 1
B バター…大さじ 1（室温にする）
│ コンソメ（顆粒）…小さじ 1/2
└ ナツメグ（パウダー）…少々
塩、粗びき黒こしょう…適量
サラダ油…適量
デミグラスソース…250ml

【マッシュポテト】
じゃがいも…1 個（約 150g）
にんにく…1 片
牛乳…大さじ 1 ～ 2
（じゃがいもの水分により調整）
塩…適量

作り方

1　マッシュポテトを作る。じゃがいもは皮をむいて一口大に切る。にんにくは半分に切って、芽を取り除く。

2　鍋に 1 とかぶるように水を入れゆでる。じゃがいもがやわらくなったらお湯を捨て、再び火にかけて水分を飛ばす。なめらかになるまでつぶし、牛乳と塩を加えて混ぜる。

3　ハンバーグを作る。玉ねぎはみじん切りにし、しょうがはすりおろす。A は合わせて混ぜる。

4　フライパンにサラダ油を少しだけひき、中火で玉ねぎを炒めて取り出し、冷ましておく。

5　ボウルに合びき肉と A、B と 4 、しょうがを入れ、塩をふたつまみほど入れて練る。2 等分にして成形する。

6　フライパンを温めサラダ油をひき、中火で 5 を両面焼く。火が通ったら火を弱めてデミグラスソースを加えて軽く煮る。

7　器にマッシュポテトを盛り、ハンバーグを置く。ソースをかけて粗びき黒こしょうをふる。

保存
5日
（冷蔵）

ハンバーグを焼いた後のフライパンに残る肉汁のおいしい旨味を活用します。ポークソテーやチキンソテーなどでも同様にソースを作れます。

おすすめ料理

・ごろっとトマトのオムライス
・ウインナーとポテトの洋風炒め

材料（2人分）

赤ワイン…大さじ 4
水…大さじ 3
みりん…大さじ 1
ケチャップ…小さじ 2
ウスターソース…小さじ 2
（中濃ソースでも可）
醤油…小さじ 1
粗びき黒こしょう…少々
バター…20g

作り方

1 2人分のハンバーグを焼いた後のフライパンにバター以外の材料をすべて入れて、フライパンをこそげるようにして煮つめる。

2 バターを溶かして混ぜる。

使い方

ハンバーグソースはじゃがいもやトマトとの相性もよいので、ソテーしたものを加えて煮てもおいしいです。

和風ハンバーグソース

保存
5日
（冷蔵）

醤油ベースのたれはあっさりした味つけ。
大根おろしと混ぜてもよいでしょう。

材料（2人分）

玉ねぎ…1/6 個
にんにく（チューブでも可）
…1/2 片（小さじ 1/2）
酒…大さじ 2
醤油…大さじ 2
はちみつ…大さじ 1

使い方

しそや大根おろしを添えてもおいしい
ソース。焼いたサーモンやえび、いか
など魚介にかけてもよい。

作り方

1 玉ねぎとにんにくはみじん切りにする。

2 2人分のハンバーグを焼いた後のフラ
  イパンにすべての材料を入れて、フライ
  パンをこそげるようにして煮つめる。

3 沸騰したら弱火にして、玉ねぎが透き
  通るまで煮つめる。

おすすめ料理

・きのことコーンの
　バター焼きの玉ねぎソースがけ
・サーモンの和風ホイル焼き

保存
5日
(冷蔵)

キュッと絞ったレモンの酸味がさわやかなソース。冷蔵庫
で冷やし固めればハーブバターに。

材料(2人分)

バター…30g
レモン汁…小さじ2
塩、こしょう…少々
パセリ…少々

使い方

魚のムニエルはもちろん、ソテーや蒸
し物にも。熱々に温めたものを蒸した
魚にかけると絶品です。

作り方

1 パセリはみじん切りにする。

2 フライパンにバターを中火で溶
かし、泡が消えてきたらレモン汁
と塩、こしょう、パセリを入れて
火を止める。

おすすめ料理

・チキンソテーの
　レモンバターソースがけ
・魚介の白ワイン蒸しの
　レモンバターソースがけ

カルパッチョソース

保存
5日
（冷蔵）

レモンの果肉を入れたり、グレープフルーツなどを使っても
よい香りになります。ハーブを加えるのもおすすめ。

材料（2人分）

オリーブオイル…大さじ2
白ワインビネガー（または酢）
…大さじ1
にんにくすりおろし…少々
塩…小さじ1/4
砂糖…ひとつまみ

作り方

1 すべての材料を混ぜ合わせる。

使い方

牛肉のたたきなど、肉のカルパッチョ
にもおすすめです。白ワインビネガー
の代わりに柑橘系の果汁を入れても。
その場合はよく洗って皮も刻んでいれ
るとよりさわやかな仕上がりに。

おすすめ料理

・サーモンとアボカドのタルタル

・いかとルッコラ、
　サラダパスタのサラダ

漬け込み液

肉や魚を漬け込むマリネソースや、野菜を漬けるピクルスなど、漬け込み液をまとめました。

マリネソース

保存
7日
（冷蔵）

肉や魚をマリネするとき、ドライレーズンやアプリコットを入れて焼いても美味。

材料（2人分）

オリーブオイル…大さじ 2
酢…大さじ 2
砂糖…小さじ 1
塩、こしょう…各少々
にんにくすりおろし…少々

作り方

1　すべての材料を合わせて混ぜる。

※好みのハーブなどを一緒にマリネすると、香りがついて楽しめます。

ピクルス液

保存
7日
（冷蔵）

材料（約 250ml）

酢、水…各 100ml
砂糖…大さじ 4
塩…小さじ 1
粒こしょう…小さじ 1/2
赤唐辛子…1/2 本
ローリエ…1 枚

作り方

1 すべての材料を鍋に入れ、ひと煮立ちさせて火を止める。

ピクルス液がまだ熱いうちに野菜を入れること。コリアンダーシードなどスパイスをプラスするのもおすすめです。

アレンジピクルス液

保存
7日
（冷蔵）

材料（約 250ml）

酢、水…各 100ml
砂糖…大さじ 4
塩…小さじ 1
カレー粉…小さじ 1
粒こしょう…小さじ 1/2
赤唐辛子…1/2 本
ローリエ…1 枚

作り方

1 すべての材料を鍋に入れ、ひと煮立ちさせて火を止める。

カレー粉を入れた香るピクルス。卵を漬けてもおいしく、カレーの副菜にぴったり。熱いうちに漬けます。

付けたりかけたりする洋風のソースをまとめました。野菜スティックやフライに添えるなど使い勝手は抜群です。

バルサミコソース

保存
7日
（冷蔵）

ぶどうを酢酸発酵させたバルサミコ酢は煮つめるととろりとした甘さのあるソースに。肉やチーズにぴったりです。

材料（2人分）

バルサミコ酢…大さじ4
はちみつ…小さじ2
塩…少々

使い方

ステーキや焼いたチーズ、ヨーグルトにかけても。はちみつのかわりに、マーマレードやブルーベリージャムを使うのもよい。

作り方

1 フライパンにバルサミコ酢とはちみつを入れて、中火で煮つめる。

2 とろみがついたら、塩を加えて味を調える。
　　※ 醤油を少しプラスしてもよい。

おすすめ料理

・牛の網焼きのバルサミコソースがけ
・カマンベールのフライのバルサミコソースがけ
・いちごとマスカルポーネのバルサミコソースがけ

バルサミコソースを使って

れんこんのグリル バルサミコソースがけ

加熱したれんこん特有の甘みとバルサミコの酸味がよく合う

材料（2人分）

れんこん…6cm くらい
ブルーチーズ（好みのもの）
…10g くらい
ミックスナッツ…20g
オリーブオイル…大さじ 1/2
バルサミコソース…大さじ 1

作り方

1　れんこんは皮ごと 1cm ほどの厚さに切る。ミックスナッツは粗く刻む。

2　フライパンにオリーブオイルをひき、中弱火でれんこんを両面じっくりと焼く。

3　れんこんに火が通ったら、ちぎったブルーチーズをのせてふたをし、チーズを溶かす。

4　器に盛り、バルサミコソースをかけて、ナッツを散らす。

アンチョビソース

保存
5日
（冷蔵）

アンチョビのコクと旨味、そしてバターとにんにくが効いた、シンプルながらいろいろな食材に合う万能ソースです。

おすすめ料理

・アンチョビのペペロンチーノ
・アンチョビ冷ややっこ
・釜揚げうどんの
　アンチョビソースがけ

材料（2〜3人分）

アンチョビ…4 枚
バター…10g
にんにく…1 片
オリーブオイル…大さじ 4
塩、粗びき黒こしょう…少々

使い方

アンチョビはもともといわしなので、香味野菜といっしょに冷ややっこや釜揚げうどんにかけたりしてもよいです。

作り方

1　にんにくとアンチョビはみじん切りにする。

2　小鍋にバターとにんにくを弱火で炒め、香りがたったら、オリーブオイルとアンチョビを入れてひと煮立ちさせる。味見をして、塩と粗びき黒こしょうで味を調える。

バーニャカウダソース

保存
3日
（冷蔵）

野菜スティックに付けて食べる以外に、ピザやトーストのソースにしても。チーズとの相性もよく、使い方は幅広いです。

おすすめ料理

・バーニャピザトースト
・蒸しじゃがいもの
　バーニャカウダ和え
・キャベツとジャコの炒め物

材料（作りやすい分量・2〜3人分）

アンチョビ…1缶（50g）
水…100ml
牛乳…50ml
にんにく…6〜7片（約50g）
オリーブオイル…大さじ4
生クリーム…大さじ2

使い方

蒸かしたじゃがいもにつけたり、キャベツ炒めの味つけに使ったり。野菜スティックにつけるときは熱い状態で。

作り方

1　にんにくは半分に切って、芽を取り除く。

2　小鍋に水、牛乳と 1 を入れて火にかける。煮立ったら弱火にして15分ほど煮る。

3　にんにくがやわらかくなったらざるにあげ、にんにくをつぶしてから鍋に戻す。アンチョビ（油ごと）とオリーブオイルを加え、木べら（またはフォーク）で潰すように弱火で加熱する。

4　ペースト状になったら生クリームを加えて混ぜる。

保存
5日
（冷蔵）

マスタードの酸味が焼いた肉によく合うソース。チキンナゲットなど揚げ物に添えればスナック感覚でよいつまみに。

材料（2人分）

粒マスタード…大さじ2
はちみつ…大さじ2
醤油…大さじ1
にんにくすりおろし…少々

作り方

1　すべての材料を混ぜ合わせる。

使い方

揚げた鶏にタルタルソース（108ページ）といっしょにかければチキン南蛮風に。ポークソテーやチキンソテーのソースにもおすすめです。

おすすめ料理

・スティックチキンの
　ハニーマスタードソース添え
・肉のソテーの
　ハニーマスタードがけ
・なすとベーコンと玉ねぎの
　ハニーマスタード炒め

ハニーマスタードソースを使って

スティックチキンのハニーマスタードソース添え

カリっと揚がったスティック状のチキンにほどよい甘さと辛味のソースをつけて

材料（2人分）

鶏むね肉…1枚
塩…小さじ 1/2
酒…大さじ 2
パセリ（あれば）…1枝
小麦粉…大さじ 1
片栗粉、揚げ油…適量
ハニーマスタードソース
…2人分

作り方

1　鶏胸肉は 1cm 幅ぐらいのスティック状に切る。パセリはみじん切りにする。

2　ボウルに鶏胸肉を入れ、塩をもみ込み、酒を入れて 15 分ほどおく。揚げ油を 170 度ほどに温めておく。

3　2 のボウルに小麦粉を入れて混ぜ、鶏肉に片栗粉をまぶして揚げる。

4　器に盛り、パセリをふり、ハニーマスタードソースを添える。

保存
3日
(冷蔵)

定番はピクルスですが、白菜漬けや柴漬けなどの漬物でも作れます。ちょっと和風になり、醤油をプラスするのもおすすめ。

おすすめ料理

・えびフライ
・チキン南蛮
・アボカド、サーモン、
　タルタルのオープンサンド

材料（2人分）

ゆで卵…1個
玉ねぎ…1/4個
きゅうりのピクルス
（コルニッション
小さいサイズのもの）…2本
マヨネーズ…大さじ3
塩、こしょう…少々
砂糖…ひとつまみ

※ピクルスがない場合は、お酢やレモン汁・小さじ1で代用。

作り方

1　玉ねぎはみじん切りにして、水にさらす。ピクルスもみじん切りにし、ゆで卵は粗く刻む。

2　玉ねぎの水を切り、キッチンペーパーで水気を取る。残りの材料と 1 を混ぜ合わせる。

使い方

フライに添えるのはもちろん、トーストにのせて焼いたり、魚のムニエルに合わせてもよいでしょう。

アレンジタルタルソース

保存
3日
（冷蔵）

ピクルスの代わりに粒マスタードをたっぷり加えて肉にも合う味つけに。こしょうはぜひ粗びき黒こしょうを。ピリッとした辛味がおいしさをより引き立ててくれます。

材料（2人分）

ゆで卵…1個
玉ねぎ…1/4個
マヨネーズ…大さじ3
粒マスタード…大さじ1
塩、粗びき黒こしょう…少々
砂糖…ひとつまみ

おすすめ料理

・豚ばらのカリカリ揚げの
　タルタルソースがけ
・キャベツのステーキ
　タルタルソースがけ
・タルタルポテトサラダ

作り方

1　玉ねぎはみじん切りにして水にさらす。ゆで卵は粗く刻む。

2　玉ねぎの水を切り、キッチンペーパーで水気を取る。すべての材料を混ぜ合わせる。

使い方

豚バラ肉を揚げ焼きにしたものや、焼き肉のソースにも。蒸したじゃがいもと和えれば大人のポテサラになります。

サルサソース

保存
3日
(冷蔵)

トマトや玉ねぎなど野菜がたくさん入った
ピリ辛のサルサソース。肉にも魚にも使
え、パクチーなど香味野菜との相性も◎。

おすすめ料理

・牛肉のたたきサルサソースがけ

・かつお（またはまぐろ）のポキ丼

・アボカドとパクチーの
  サルササラダ

材料（2〜3人分）

トマト…1個（約150g）
玉ねぎ…1/4個
にんにく…1/2片
パセリ…1枝
オリーブオイル…大さじ1
レモン汁（または酢）…小さじ2
塩…小さじ1/2
タバスコ…少々

作り方

1　トマトは1cm程度の角切り、玉
　　ねぎとにんにく、パセリはみじん
　　切りにする。

2　すべての材料を混ぜ合わせる。

使い方

チップスやタコスなど定番の使い方以
外に、まぐろやかつおにのせたり、フ
ライにのせたりする食べ方も。

110

ワカモレソース

保存
1日
（冷蔵）

ワカモレはアボカドで作るメキシコのソース。ライムやレモンをしぼることで変色を防ぐことができます。

おすすめ料理

・ソーセージとワカモレの丼（目玉焼きのせ）
・ワカモレのトルティーヤ

材料（作りやすい分量・2～3人分）

アボカド…1 個
トマト（小さめ）…1/2 個（50g）
玉ねぎ…1/4 個
パクチー…1 株
にんにく（チューブでも可）
…1/2 片（小さじ 1/2）
ライム…1/2 個（レモンでも可）
塩、タバスコ…適量

使い方

チップスに付けたり、トルティーヤにのせてチーズやお肉といっしょに食べたり。おつまみにも最適です。

作り方

1 玉ねぎはみじん切りにして水にさらす。トマトは小さい角切りに、パクチーはざく切りにする。にんにくはすりおろす。

2 玉ねぎの水気を切って水分を取ってボウルに入れる。アボカドは種に沿って切り込みを入れ、ひねって半分にし、玉ねぎの入ったボウルにスプーンでくりぬいて入れる。

3 ライムを搾り、にんにく、トマトを加えて混ぜる。塩とタバスコで味を調整し、パクチーを入れて軽く混ぜる。

いつも買っているドレッシングが家にある材料で簡単に作れます。肉や魚を加えればサラダも立派な一品に！

フレンチドレッシング

保存 7日（冷蔵）

基本のフレンチドレッシングを覚えておけば、どんなサラダでも困りません。油：酢の基本は3：1です。

おすすめ料理

・ミモザサラダ
・レタスとトマトのサラダ
・マカロニサラダ

材料（2人分）

オリーブオイル
…大さじ 3
白ワインビネガー
（または酢）…大さじ 1
フレンチマスタード
…小さじ 1
塩…小さじ 1/2
砂糖…小さじ 1/4

作り方

1. ボウルにオリーブオイル以外の材料を入れ、よく混ぜて溶かす。
2. オリーブオイルを 1 に少しずつ加えて混ぜる。

使い方

蒸したじゃがいもを熱いうちにフレンチドレッシングで和え、マヨネーズを混ぜれば簡単にコクのあるポテトサラダが完成します。

シーザードレッシング

保存
7日
（冷蔵）

材料（2〜3人分）

マヨネーズ…大さじ2
牛乳…大さじ2
オリーブオイル…大さじ1/2
アンチョビ（みじん切り）…1枚
パルメザンチーズ…大さじ1
レモン汁（または酢）…小さじ1
にんにくすりおろし…1/2片分
（小さじ1/2）
砂糖…ひとつまみ

作り方

1　アンチョビはみじん切りにする。
　ボウルにオリーブオイル以外の
　材料を入れ、よく混ぜる。

2　オリーブオイルを 1 に少しずつ
　加えて混ぜる。

玉ねぎ醤油ドレッシング

保存
7日
（冷蔵）

材料（2〜3人分）

玉ねぎ…1/4個（約75g）
米油（またはサラダ油）
…大さじ3
醤油…大さじ2と1/2
酢…大さじ2
砂糖…大さじ1
塩、こしょう…少々
にんにくすりおろし
…1/2片分（小さじ1/2）

作り方

1　玉ねぎはみじん切りにする。

2　すべての材料を混ぜ合わせる。

保存
7日
（冷蔵）

ミキサーなどですりおろしたにんじんと玉ねぎがたっぷり入った、色鮮やかな食べるドレッシングです。

材料（2人分）

にんじん…60g
玉ねぎ…50g
にんにく…1/2 片
すりごま（白）…大さじ 2
塩…小さじ 1/2
白だし…大さじ 2
酢…大さじ 2 と 1/2
砂糖…小さじ 1
サラダ油…大さじ 2

使い方

ドレッシングとしてはもちろん、白身魚のムニエルやチキンソテーなどにソースとして添えて食べても。

作り方

1 にんじんと玉ねぎはざく切りにする。

2 1 とすべての材料をミキサーに入れて攪拌する。

※ミキサーやフードプロセッサーがない場合は玉ねぎとにんじんをすりおろす。

おすすめ料理

・豆腐サラダ
・グレープフルーツの
　にんじんドレがけ
・ほうれん草サラダ

Arrange Recipe

にんじんドレッシングを使って

魚のムニエル　にんじんソースがけ

淡白な白身魚にまろやかな味わいのにんじんドレッシングを合わせて

材料（2人分）

たい（鮭、たらなど好みのもの）
…2 切れ
塩…少々
小麦粉…大さじ 1
ほうれん草…4 株
バター…20g
オリーブオイル…大さじ 1/2
にんじんドレッシング
…大さじ 4

作り方

1. ほうれん草はざく切りにし、バターの半量で炒めて軽く塩（分量外）をふって器に盛る。

2. たいに塩をふり、小麦粉をまぶしつける。

3. 残りのバターとオリーブオイルを入れて、2 を中火で両面焼く。

4. ほうれん草の上に 3 をのせ、にんじんドレッシングをかける。

材料（2～3人分）

練りごま（白）…大さじ2
酢…大さじ2
砂糖…大さじ2
醤油…小さじ2
ごま油…大さじ1
すりごま（白）…小さじ2

作り方

1　すべての材料を混ぜ合わせる。かたいときは水を少し加えて調整する。

ごまドレッシング

保存
7日
（冷蔵）

材料（2～3人分）

にんにく…2片
オリーブオイル…大さじ2
酢…大さじ1
醤油…小さじ1
粗びき黒こしょう…小さじ1/2
塩…少々

作り方

1　にんにくは薄切りにする。

2　フライパンに 1 とオリーブオイルを入れて弱火で温める。香りが出てきたら火を止める。

3　2 の粗熱が取れたら、残りの材料を加えて混ぜる。

ガーリックドレッシング

保存
7日
（冷蔵）

バルサミコドレッシング

保存
7日
（冷蔵）

材料（2〜3人分）

バルサミコ酢…大さじ2
ごま油…大さじ3
塩…少々

作り方

1 すべての材料を混ぜ合わせる。

中華ドレッシング

保存
7日
（冷蔵）

材料（2〜3人分）

黒酢（または酢）…大さじ2
（酢の場合は大さじ1と1/2）
醤油…大さじ1と1/2
ごま油…大さじ2
砂糖…小さじ1/2
いりごま（白）…小さじ1
すりおろししょうが…小さじ1

作り方

1 すべての材料を混ぜ合わせる。

材料（2〜3人分）

アンチョビ…20g
パセリ（ドライでも可）…1枝
にんにくすりおろし（チューブでも可）
…1/2片（小さじ1/2）
オリーブオイル…大さじ3
白ワインビネガー（または酢）
…小さじ2
粒マスタード…小さじ1
塩、粗びき黒こしょう…各少々

作り方

1　パセリとアンチョビはみじん切りにする。

2　すべての材料を混ぜ合わせる。よく混ぜる。

イタリアンドレッシング

保存
7日
（冷蔵）

材料（2〜3人分）

玉ねぎ…1/4個（約75g）
ピクルス…2本（40g）
マヨネーズ…大さじ4
ケチャップ…大さじ2と1/2
酢…小さじ1
砂糖…小さじ1/2〜1
塩…小さじ1

作り方

1　玉ねぎとピクルスはみじん切りにする。玉ねぎは水でさらして水気を切る。

2　すべての材料を混ぜ合わせる。

サウザンアイランドドレッシング

保存
7日
（冷蔵）

チーズドレッシング

保存 **7**日（冷蔵）

材料（2〜3人分）

クリームチーズ…50g
牛乳…大さじ2
マヨネーズ…大さじ1
ハーブソルト…小さじ1/2（または塩と好みのハーブ）
にんにくすりおろし（チューブでも可）…1/2片分（小さじ1/2）

作り方

1 クリームチーズは電子レンジで30秒加熱してやわらかくする。

2 すべての材料を混ぜ合わせる。

コールスロードレッシング

保存 **7**日（冷蔵）

材料（2〜3人分）

オリーブオイル…大さじ2
にんにくすりおろし（チューブでも可）…1片（小さじ1）
A ┌ 酢…大さじ2と1/2
　├ 砂糖…大さじ1と1/2
　├ 塩…小さじ2/3
　└ マヨネーズ…小さじ1

作り方

1 フライパンにオリーブオイルとともににんにくを入れ、弱火で温め香りが出たら火を止める。

2 1と残りの材料を混ぜ合わせる。

保存
7日
（冷蔵）

オリーブオイル：レモン汁を2：1で合わせ、レモンのさわや
かさを強調したドレッシングです。

材料（2人分）

オリーブオイル…大さじ3
レモン汁…大さじ1と1/2
はちみつ…小さじ1
塩…小さじ1/2

使い方

魚介のフライやチキンカツなどレモン
をかけて食べる料理に使えます。サラ
ダや魚のカルパッチョにもおすすめ。

作り方

1 オリーブオイル以外の材料を
混ぜる。そこにオリーブオイル
を少しずつ加えて混ぜ合わせ
る。

おすすめ料理

・サーモンカルパッチョ
・ゆでキャベツのサラダ
・ガーリックフライのせ
　レタスサラダ
・レモンフライドエッグ

Arrange Recipe

レモンドレッシングを使って

ホタテとにんじんのフライ レモンソース添え

衣サクサクのフライにさわやかな酸味のレモンドレッシングがよく合う

材料(2人分)

ホタテ(刺身用)…6個
にんじん
…1/2本(約100g)
パセリ(あれば)…1枝
塩麹…大さじ3
┌ 小麦粉…大さじ3
A 卵…1個
└ 水…大さじ1と1/2
パン粉…適量
揚げ油…適量
レモンドレッシング…適量

作り方

1 にんじんは1cm角の棒状に切る。ホタテはペーパーで水気をとる。

2 ビニール袋などに 1 のにんじんとホタテを別々に入れて、塩麹を半量ずつ加えてもみ込み、20〜30分置く。

3 揚げ油を170度に温めておく。Aを混ぜ合わせてバッター液を作る。

4 にんじんとホタテを取り出し、バッター液にくぐらせパン粉をまぶし揚げる(あればパセリも素揚げする)。器に盛り、レモンドレッシングを添える。

材料（2〜3人分）

ポン酢…大さじ 2
砂糖…小さじ 1/2
柚子こしょう…小さじ 1/2 〜 1
（お好みで）

作り方

1 すべての材料を混ぜ合わせる。

柚子こしょうドレッシング

保存
7日
（冷蔵）

材料（2〜3人分）

梅干し…1 個
オリーブオイル…大さじ 3
酢…大さじ 1
白だし…小さじ 2
砂糖…ふたつまみ

作り方

1 梅干しは種を取り、果肉を刻む。

2 すべての材料を混ぜ合わせる。

梅ドレッシング

保存
7日
（冷蔵）

チョレギドレッシング

保存
7日
（冷蔵）

材料（2〜3人分）

酢…小さじ 4
醤油…小さじ 2
砂糖…小さじ 1
鶏がらスープの素…小さじ 1
にんにくすりおろし
（チューブでも可）…1/2 片分
（小さじ 1/2）
ごま油…大さじ 2
いりごま（白）
…小さじ 2 〜大さじ 1

作り方

1　すべての材料を混ぜ合わせる。

豆乳ドレッシング

保存
7日
（冷蔵）

材料（2〜3人分）

豆乳…80ml
酢…大さじ 1
はちみつ…10g
粒マスタード…小さじ 1
塩…小さじ 1/2

作り方

1　すべての材料を混ぜ合わせる。

保存
7日
（冷蔵）

ナッツをたっぷり使うドレッシングで、香ばしく粒々した食感が楽しめます。クリーミーで酸味は控えめなので、酸っぱいものが苦手な人にもおすすめです。

材料（2人分）

ミックスナッツ…25g
マヨネーズ…30g
ピーナッツバター…大さじ1
醤油…小さじ1
砂糖…小さじ1
レモン汁…小さじ1
ヨーグルト…大さじ2
塩…少々

使い方

サラダだけでなく、揚げ物やオムレツ、豚しゃぶにかけたり、パスタに和えたり幅広い使い方ができます。

作り方

1 ミックスナッツは刻む。

2 すべての材料を混ぜ合わせる。

おすすめ料理

・焼き野菜サラダ

・サラダほうれん草のパスタ

・ベーコンきのこオムレツの
　クリーミーナッツ
　ドレッシングがけ

Axxange Recipe!

クリーミーナッツドレッシングを使って

マッシュルームのチーズファルシ

ファルシとはフランス語で詰めるという意味。ワインのつまみにもぴったりな逸品

材料（2人分）

マッシュルーム…6 個
クリームチーズ…50g
にんにくすりおろし
…1/2 片分
ディル（好みのハーブ）
…1 枝
塩…適量
オリーブオイル…小さじ 1
クリーミーナッツドレッシング
…大さじ 3

※ディルと塩の代わりに、
ハーブソルトでも可。

作り方

1 クリームチーズはボウルに入れて室温でやわらかくしておく。マッシュルームは根元を落として軸を取る。

2 マッシュルームの軸の部分は細かく刻む。ディルはみじん切りにする。

3 やわらかくなったクリームチーズに 2 、にんにく、塩を加えて混ぜ、マッシュルームに詰める。

4 オリーブオイルを薄くひいたフライパンに 3 を並べ、中弱火で両面を焼く。

5 マッシュルームに火が通ったら、器に盛り付け、クリーミーナッツドレッシングをかける。

のり塩

保存
30日
（冷蔵）

磯の風味がよく使い勝手がよいフレーバー塩。青のりと塩を混ぜるだけと作り方も簡単で、使う分だけさっと作っても。青のりの分量は好みで調節しましょう。

材料（作りやすい分量）

青のり…小さじ1
塩…小さじ1/3

作り方

1　すべての材料を混ぜ合わせる。

使い方

薄く切って揚げたじゃがいもにふりかけたり、天ぷらにつけたり。おにぎりにまぶしたり、バター焼きの風味づけに使ったりしてもおいしいです。

おすすめ料理

・ポテトフライのり塩がけ
・のり塩スティックチキン
・れんこんのり塩バター
・のり塩ガレット
・のり塩にぎり

フレーバー塩

香りなどをプラスしたフレーバー塩はそれだけでいつもの料理を格上げしてくれる存在です！

かつお塩

材料（作りやすい分量）

かつお粉…小さじ1
塩…小さじ1/2

作り方

1　すべての材料を混ぜ合わせる。

保存 **30**日（冷蔵）

柚子塩

材料（作りやすい分量）

柚子の皮…1個分
塩…小さじ1

作り方

1　柚子の皮は薄く剥いて、細かいみじん切りにする。

2　1と塩を混ぜ合わせて耐熱の皿に広げ、ラップをせずに電子レンジで1分ほど加熱する。

3　混ぜ合わせて、サラリとしたら完成。水分が残るようならさらに1分加熱する（あればさらにすり鉢ですると細かくなり、使いやすい）。

保存 **30**日（冷蔵）

材料（作りやすい分量）

カレー粉…小さじ 1/2
塩…小さじ 1

作り方

1 すべての材料を混ぜ合わせる。
（混ぜた後、オーブンシートを
ひいたフライパンでサラリとする
まで炒めると、さらに香りが立
つ）。

カレー塩

保存 **30** 日（冷蔵）

材料（作りやすい分量）

クミンパウダー…小さじ 1
ガーリックパウダー…小さじ 1/4
塩…小さじ 1

作り方

1 すべての材料を混ぜ合わせる。

クミン塩

保存 **30** 日（冷蔵）

Arrange Recipe

クミン塩を使って

じゃがいもとエビのスパイス春巻き クミン塩添え

カレー味のじゃがいもとエビが入った春巻きはサモサ風。クミン塩が合う!

材料(2人分)

じゃがいも…1個(約150g)
エビ…100g
┌ カレー粉…小さじ1
A 塩…小さじ1/4
└ 片栗粉…小さじ1
春巻きの皮…3枚
小麦粉、水…各小さじ1
揚げ油…適量
クミン塩…適量
パクチー…少々

作り方

1 じゃがいもは千切りする。エビは背わたをとって4等分に切る。春巻きの皮は対角線上に斜めに半分に切る。

2 じゃがいもとエビをボウルに入れ、A をまぶして混ぜる。

3 春巻きの一番長い辺を自分のほうに向け 2 の1/6ほどの量を置いて巻いていく。小麦粉と水を合わせたのりをつけて巻き終わりを接着する。

4 150〜160度に熱した揚げ油で 3 を揚げる。皿に盛り、パクチーとクミン塩を添える。

材料（作りやすい分量）

七味…小さじ 1/3
塩…小さじ 1

作り方

1　すべての材料を混ぜ合わせる。

七味塩

保存
30日
（冷蔵）

材料（作りやすい分量）

粉山椒…小さじ 1/4
塩…小さじ 1

作り方

1　すべての材料を混ぜ合わせる
　（混ぜた後、オーブンシートをひ
　いたフライパンでサラリとするま
　で炒めると、さらに香りが立つ）。

山椒塩

保存
30日
（冷蔵）

赤ワイン塩

材料（作りやすい分量）

赤ワイン…50ml
塩…25g
ジンジャーパウダー…ひとつまみ

作り方

1. フライパンに赤ワインを入れ沸騰させる。

2. 塩を加えて弱火で水分を飛ばす（6〜8分ほど）。

3. サラサラの状態になったらジンジャーパウダーを加えてひと混ぜして火を止める。

保存 **30**日（冷蔵）

ハーブ塩

材料（作りやすい分量）

乾燥ローズマリー…小さじ1
ドライパセリ…小さじ1
塩…小さじ2

作り方

1. クッキングペーパーを広げて半分に折り、間にローズマリーを挟んでペーパーの上から細かく刻む。

2. すべての材料を混ぜ合わせる。

保存 **30**日（冷蔵）

ガーリックオイル

保存
10日
（冷蔵）

フレーバーオイル

簡単に味が決まるフレーバーオイル。加熱した油は長持ちしません。10日をめどに使い切りましょう。

にんにくとオリーブオイルだけで作れます。パスタやマリネ、アヒージョなど使い方を選ばない万能オイルです。

おすすめ料理

・エビときのこの
　アヒージョ
・ローストまぐろ

材料（作りやすい分量）

にんにく…4片
オリーブオイル…100ml

使い方

炒め物はもちろん、パンや焼き野菜につけても。唐辛子を一緒に仕込んでもおいしい。

作り方

1 にんにくは芽を取り、みじん切りにする。

2 小鍋にオリーブオイルとにんにくを入れて弱火にかける。途中焦げないようにヘラなどで混ぜる。

3 オイルから泡が立ち始め、2分ほどしてにんにくが薄く色がついたら火を止める。余熱でも火が通っていくので、少し早めに火からおろすとよい。

Arrange Recipe

ガーリックオイルを使って

しらすのガーリックブルスケッタ

ガーリックとしらすは好相性。とても簡単なのに本格的な味わい

材料(2人分)

バケット…6 切れ
しらす…50g
しそ…5 枚
青ねぎ…8 本
ガーリックオイル…大さじ 2
塩…適量

作り方

1　バケットは軽くトーストしておく。

2　青ねぎはみじん切り、しそはちぎる。ふたつを合わせておく。

3　フライパンにガーリックオイルを入れて中火にかけ、香りが立ってきたらしらすを加えて炒める。

4　2 を加えてひと混ぜし、塩で味を調え、バケットの上にのせる。

材料（作りやすい分量）

だしパック…1袋
米油…100ml

作り方

1 小鍋に米油とだしパックの中身を入れて弱火で火にかける。途中かき混ぜる。

2 油の色が少し濃くなってきたら火からおろして冷ます。

だしオイル

保存
14日
（冷蔵）

材料（作りやすい分量）

赤唐辛子…2本
にんにく…1片
オリーブオイル…100ml

作り方

1 赤唐辛子は半分にちぎる（辛さが苦手なら種を取る）。

2 小鍋ににんにくとオリーブオイルを弱火にかける。にんにくが薄く色づいたら取り出す。

3 小鍋に赤唐辛子を加えて火からおろし、そのまま冷ます。

※にんにくは塩をふって、そのまま食べられる。

チリオイル

保存
14日
（冷蔵）

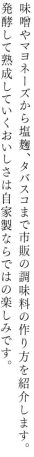

手作り調味料

味噌やマヨネーズから塩麹、タバスコまで市販の調味料の作り方を紹介します。発酵して熟成していくおいしさは自家製ならではの楽しみです。

◎ いつもの調味料

◎ 育てる調味料

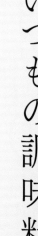

市販品の調味料を手作りしてみるとそのおいしさに驚くことが！ ぜひ、一度試してみてください。

ポン酢

保存 **30**日（冷蔵）

柚子やかぼす、シークワーサーなど好みの柑橘を、いろいろ試してみるのも楽しいです。

おすすめ料理

・湯豆腐
・みぞれ鍋

材料（約300ml）

醤油…150ml
柑橘果汁…150ml
（ゆずやかぼすなど好みのもの）
みりん…50ml
かつおぶし…10g
昆布…4〜5cm

作り方

1 消毒した容器に醤油、柑橘果汁、みりんを入れて混ぜる。

2 かつおぶしと昆布を入れて1日以上寝かせる。

3 昆布とかつおぶしを濾して取り出す。

使い方

鍋のつけ汁はもちろん、焼き魚やサラダにかけたり、炒め物や煮込みなどオールマイティーに使えます。1〜2日でできあがりますが、5日ほど寝かせればよりまろやかに。

めんつゆ

保存
30日
（冷蔵）

自家製のめんつゆは市販品に比べて甘さがすっきりしていてひと味違います。2〜3倍の濃縮タイプです。

材料（300ml・2〜3倍の濃縮タイプ）

醤油…200ml
みりん…150ml
（甘めが好きな方は
200ml にしてもよいです）
酒…100ml
かつおぶし…20g
昆布…7 〜 8cm

使い方

そうめんやざるそばの場合は同量の水で割ってください。煮物で使うときは薄め（5 〜 8 倍）からじっくり時間をかけて煮ると味がしみます。

作り方

1 すべての材料を入れて中火で煮る。

2 煮立ったら弱火にし、5分ほど煮出す。火を止めて冷まし、濾す。冷蔵庫で保存する。

おすすめ料理

・自家製めんつゆそば
・あじの和風カルパッチョ
・味付け卵

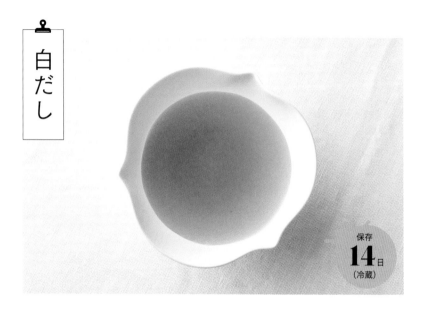

白だし

保存
14日
（冷蔵）

かつおぶしを使った自家製白だしは簡単なのに奥深い味。色が薄く、上品なあんかけや白く仕上げたい料理に便利です。

材料（約 150ml）

A ┌ かつお節…25g
　├ 昆布…7g
　├ 酒…200ml
　└ みりん…100ml

B ┌ 薄口醤油…大さじ 1 と 1/2
　└ 塩　大さじ 1

使い方

おでんや関西風うどんで使用するときは 6 倍、ぶっかけうどんなら 2 倍。そのまま使いたいときは味をみながら調整する。

作り方

1　鍋に A を入れ、強火で煮たたせる。煮たったら火を止め 30 分ほどおいて、粗熱をとる。

2　B を加え、再び火にかけ、煮る。水分量が 8 割程度になったら火を止める（目安：8 分）。

3　ざるで濾す。

おすすめ料理

・揚げ出し豆腐のだしあんかけ
・セロリのきんぴら

138

Arrange Recipe

白だしを使って

だし巻き卵サンド

手作りの白だしなら、やわらかな旨味でいつもの卵サンドがよそいきの味わいに

材料（2人分）

卵…4 個
白だし…大さじ 1
水…大さじ 1
サラダ油…適量
サンドイッチ用パン…4 枚
┌ マヨネーズ…小さじ 4
A ケチャップ…小さじ 1
└ からし…少々（好みで）
パセリ（あれば）…適量

作り方

1　卵は割りほぐして白だしと水を混ぜる。

2　卵焼き器を弱火にかけ、サラダ油をひく。1 を全量流し入れ、気泡をつぶしながら焼く（約 2 ～ 3 分ほど）。

3　アルミホイルなどで覆ってふたをし、さらに 2 分ほど焼く。卵に火が通ったら、フライ返しで半分に切って、1 個ずつ裏返して再び 2 分焼く。

4　サンドイッチ用パンに混ぜ合わせた A を塗り、3 の卵を 1 個ずつ挟む。食べやすい大きさに切り、パセリを添える。

マヨネーズ

自家製マヨネーズは市販品と比べまろやかで、一度は試してほしい味わい。刻んだハーブを入れても美味。

保存
5日
（冷蔵）

使い方

いつものポテトサラダや千切りキャベツに。サラダ油をオリーブ油やごま油に変えて風味を変えるのもおすすめ。

いつもの調味料

材料（約 160 〜 200ml）

卵黄…1 個
ディジョンマスタード…小さじ 1
塩…小さじ 1/4
こしょう…少々
砂糖…ひとつまみ
サラダ油…160 〜 200ml
レモン汁（または酢やりんご酢）…小さじ 2

おすすめ料理

・ブロッコリーと
　アンチョビ、卵のサラダ
・ハムときゅうりの
　サンドイッチ
・サーモンとディルの
　マヨネーズ和え

作り方

1　ボウルに卵黄とマスタード、塩、こしょう、砂糖を入れて混ぜる。

2　サラダ油を少しずつ加え、分離しないようそのつどよく混ぜる。

Point　サラダ油をいっぺんに入れると分離するので細い糸を垂らすように。

3　サラダ油を半分くらい入れたところで、レモン汁を少しずつ加えて混ぜる。レモン汁を使うとさわやかな酸味のマヨネーズになる。

4　残りのサラダ油も同様に入れて混ぜる。

Point　ブレンダーを使って混ぜれば失敗しない

ケチャップ

トマトから作るからこその
フレッシュ感が魅力。
自然な酸味がトマトソースと
ケチャップの間くらいの味わいです。
ケチャップの概念が変わります。

保存
10日
（冷蔵）

使い方

市販品と比べて甘さが控えめでくどくないので、かけたりつけたりは
もちろん、そのままソースとして使えます。トマトの酸味に合わせて
砂糖の量を調整してください。

材料 (約300g)

トマト（完熟）…800g
玉ねぎ…1/2個（100g）

黒酢…小さじ2
レモン汁…小さじ1/2
一味唐辛子…少々

A
- 砂糖…10g
- 塩…ひとつまみ
- ローリエ…1枚
- シナモンパウダー…小さじ1/4
- ナツメグ…小さじ1/4

おすすめ料理

・ナポリタン
・フライドチキンの
　ケチャップがけ

作り方

1 トマトは湯むきして皮を
むく。玉ねぎはひと口
大に切る。

2 フードプロセッサーにト
マトと玉ねぎを入れて
滑らかに攪拌する。

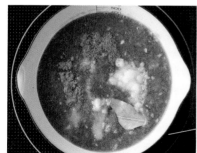

3 鍋に②とAを入れて火にかける。

Point 今回使ったハーブのほか、
クローブやセージ、
赤唐辛子などを入れても。

4 　3 が煮立ってきたら弱火にし、途中かき混ぜながら 30 分煮る。

Point　煮汁が半量くらいになり
とろみがつくまで加熱する。

5 　とろみがついてきたら、黒酢、レモン汁、一味
唐辛子を入れて混ぜる。味見をして足りなけれ
ば塩で味を整えて火を止める。

> ケチャップを使って

自家製ケチャップのポークチャップ
甘さ控えめの自家製ケチャップならではの本格派

材料（2人分）

豚肩ロース肉（とんかつ、ソテー用）…2枚
塩、こしょう…少々

A
┌ ケチャップ…大さじ4
│ ウスターソース…大さじ2
│ 酒…大さじ3
└ にんにくすりおろし…少々

サラダ油…適量
パセリ（あれば）…適量
付け合わせのパスタ（または好みの野菜）…適量

作り方

1 　豚肉は筋を切って、塩、こしょ
うをふる。Aは混ぜ合わせて
おく。パセリはみじん切りに
する。

2 　フライパンを温めサラダ油を
ひき、豚肉を両面焼く。

3 　Aを入れて軽く煮詰めて皿に
盛る。付け合わせのパスタを
添え、パセリをふる。

ラー油

韓国唐辛子を使うことで、
深みがあるのに
辛すぎないラー油になります。
香味野菜の香りが立って
市販品とはひと味違う
おいしさに！

保存
10日
（冷蔵）

使い方

餃子につけたりするだけでなく、鍋のときにちょっとだけ具材
にかけたり、春雨に入れてピリ辛にしたり。ゆで卵やゆでもやし、
たたききゅうりなどにかければ、おつまみにも。

材料（約 150ml）

にんにく…2 片
しょうが…1 片
長ねぎの青い部分…1 本分
韓国唐辛子（粗びき）…20g
花椒（ホール）…小さじ 1
八角（ホール）…1 個

シナモン（ホール）…1 本
サラダ油…150ml

おすすめ料理

・担々麺
・牛肉と高菜のピリ辛鍋
・ラー油がけチャーハン

作り方

1　にんにくとしょうがは薄切りにする。長ねぎはフライパンに入る大きさに切る。ボウルに韓国唐辛子と花椒を入れる。

2　小さなフライパンににんにく、しょうが、長ねぎ、八角、シナモンとサラダ油を入れる。弱火で油に香りを移す。

Point　香味野菜が焦げないよう注意。

3　ねぎなどがくったりとし、香りが出たら、すべて取り出し、中火にして温める。

4　はしなどを入れて細かい泡が立つくらいになったら火を止め、1 のボウルに 2 ～ 3 回に分けて入れる。

Point

いっぺんに油を入れると温度が上がりすぎて唐辛子が焦げることが。分けて入れるのは唐辛子を焦がさないようにするため。

保存
10日
（冷蔵）

コチュジャンなどの甘みと、干しエビなどの旨味で、その
ままかけるだけで味が決まります。白いごはんにかけて
も。ラー油を超えたスーパー調味料です。

材料（約200ml）

ラー油…約150ml
フライドガーリック、フライドオニオン…各10g
干しエビ…10g
白ごま…10g
コチュジャン…20g
A┌ 醤油…小さじ2
 └ 砂糖…小さじ1/2

作り方

1 ラー油に刻んだ干しエビ、フラ
  イドガーリック、フライドオニ
  オン、白ごま、コチュジャンを
  加える。Aを加えてよく溶かす。

使い方

カリっとした食感が心地よく、豆腐や
ゆでほうれん草、ごはんなどシンプル
な食材とよく合います。サラダなどに
かけて食べてもおいしいです。

おすすめ料理

・よだれ鶏
・食べラー卵かけごはん
・たたききゅうりの食べラー和え

食べるラー油を使って

焼きさばと春菊の食ベラーサラダ

香り高い生の春菊は、食べるラー油とパルメザンチーズを合わせて食べやすく

材料（2人分）

春菊…1 把（120 〜 140g）
塩さば…1/4 切れ
食べるラー油…大さじ 4
パルメザンチーズ…適量

作り方

1　春菊は 4cm ほどのざく切りにする。塩さばは焼いてほぐし、骨を取り除く。

2　器に 1 を盛り、食べるラー油をまわしかける。パルメザンチーズをふる。

焼肉のたれ

玉ねぎやりんごの甘み。
そして赤味噌やコチュジャンのコクなど、
一度自家製の焼き肉のたれを使うと
市販品にはもう戻れません。
材料すべてをフードプロセッサーにかけるだけと、
思ったより簡単です。

保存
10日
（冷蔵）

使い方

肉を焼くときに煮からめてもよし、先に漬け込んでおくのもよし。
ちょっと作りすぎてしまったら、肉野菜炒めの味つけに使ったり、
チヂミのたれにしたり、いろいろ使えます。

材料 (約300ml)

玉ねぎ…1/4個（約50g）
りんご…1/4個（50～60g）
にんにく、しょうが…各10g

A
┌ 酒、みりん…各20ml
│ 砂糖…40g
│ はちみつ…小さじ1
│ 醤油…100ml
│ 赤味噌…20g
└ コチュジャン…5g

すりごま（白）…大さじ4
ごま油…大さじ1

おすすめ料理

・豚バラとレタスの焼肉
・豆苗チヂミのたれ
・自家製たれの豚キムチ

作り方

1　玉ねぎ、りんご（種を取り、皮ごと）、にんにく、しょうがをフードプロセッサーでペースト状にする。

2　鍋に 1 とAの材料を入れ沸騰したら弱火にして10分くらい加熱する。途中でアクをとる。

3　火を止めてごま油とすりごまを入れて混ぜる。

Point　ピリ辛が好きなら一味唐辛子やこしょうを加えてもよい。

オイスターソース

ちゃんと牡蠣の味がする、
旨味たっぷりの贅沢な
オイスターソースです。
ちょっと面倒ですが、
きちんと濾すことで
よりおいしくなります。

保存
14日
（冷蔵）

使い方

炒めものやチャーハンなどに。濾して残った牡蠣はＸＯ醤の
ように刻んでチャーハンに入れたり、バターと混ぜてオイス
ターバターを作りパスタに和えたりして使ってください。

材料（約 150ml）

牡蠣（加熱用）…400g
塩…大さじ 1
玉ねぎ…1 個
にんにく…1 個（50g）
砂糖…100g
醤油…200ml
酒…250ml

おすすめ料理

・自家製オイスターソースの
　卵チャーハン
・牛肉とセロリのオイスター炒め

作り方

1 牡蠣は塩をふって丁寧に洗う。玉ねぎとにんにくは薄切りにする。

Point

アクをとることで
すっきりした
味わいになる。

2 鍋に 1 と残りの材料をすべて入れ、中火で煮る。アクが出るので、アクをとる。アクをとったら弱火にしてふたをせずに 30 分ほど煮て少し冷ます。

Point

この状態で
牡蠣のソースとして
使ってもよい。

3 2 をフードプロセッサーで撹拌する。

4 厚手のキッチンペーパーなどを敷いたざ
るにあけて濾す。最後、ヘラなどでぎゅっ
と絞り出す。

Point ざるの上に水を入れた
ボウルをのせると
自然と濾せるようになる。

5 濾したものを再び鍋に戻す。沸騰したら弱火にして10分くらい加熱する。途中で
アクをとる。

撹拌した牡蠣を濾さないで、そのままソースとして使うこともできますが、漉
して火入れをすることで（工程 5 ）、使いやすく日持ちがします。残った牡
蠣のペーストは、スープやチャーハンに加えてもおいしくなります。

Arrange Recipe

オイスターソースを使って

牛肉オイスター焼きそば

牡蠣の旨味とコクがたっぷりで止まらないおいしさ

材料(2人分)

牛肉（焼肉用／薄切りや
切り落としでも可）…100g
もやし…200g
焼きそば麺（蒸し）…2袋
A ┌ 塩…少々
　└ ごま油…小さじ1
醤油…小さじ1
サラダ油…大さじ1
酒…大さじ2
オイスターソース…大さじ3
塩…少々
粗びき黒こしょう…適量

作り方

1　牛肉は細切りにする。

2　フライパンにサラダ油をひき、麺を炒める。Aを
　ふりかけてほぐすように炒め、いったん取り出す。

3　同じフライパンに牛肉を入れて炒め、色が変わっ
　たらもやしを加えて炒める。酒を加えてふたを
　し、1〜2分蒸し焼きにする。

4　麺を戻し入れてオイスターソースと醤油を加えて
　炒め合わせる。塩で味を調整し、器に盛り、黒こ
　しょうをふる。

育てる調味料

味噌や豆板醤など発酵することで育っていく調味料を紹介します。時間が味を作る過程を楽しんで。

味噌

大豆と米麹で作る味噌です。
発酵が進み、色が変化していく
そんな過程も自家製味噌ならでは！

保存
（完成から）
1年
（冷蔵）

使い方

塩分は市販の味噌より控えめ。味を調整しながら使って。作ったら冷暗所に置き、時折様子を見ながら管理しましょう。

材料 (約4kg)

大豆…1kg
米麹…1kg
天然塩…400g

・味噌汁
・味噌蒸しパン
・肉味噌

作り方

大豆は洗って、たっぷりの水にひと晩浸しておく。大豆がしっかり水に浸っている状態に。

Point

大豆が水から
出ていないことが大切。

Point

親指と小指に挟んで、
潰せるくらいまで
やわらかくなったらOK。

1 豆が十分にやわらかくなるまでアクをとりながら煮る。途中、水のかさが
大豆より減ったら水を足す（ふたはしない）。

2 大豆を煮ている間に、塩と麹を混ぜておく。

Point

塊などほぐすように混ぜていく。

3 煮上がった大豆をざるにあげる。煮汁
（種水）は後で使うのでとっておく。

4 熱いうちに大豆を十分につぶす。

7 容器を度数の高い焼酎などで拭いて消毒する。6 をソフトボールくらいの大きさにまとめて、容器の底面に空気が入らないようにぎゅっと詰めていく。

5 潰した大豆が人肌くらいになったら 2 と合わせてよく混ぜる。

指が入らず、割れるようなら種水を足す。かたさを調整していくときに、入れすぎないよう注意する。

6 ボール状に丸めて、固さをみる。指がスーッと通る程度の固さであればOK。

9 冷暗所に置いて保存する。味噌は12〜2月に仕込んで、梅雨が明けたら天地返しをすると失敗しない。熟成度合にもよりますが、半年以上過ぎれば食べられるようになる。

天地返しとは？

名前の通り、味噌の上下（天地）をひっくり返すこと。味噌が空気にふれてよりおいしくなります。天地返しをするヘラは清潔なものを使うこと。

8 ラップで表面を覆い、重しを乗せ、クッキングペーパーなどをかぶせてふたをする。

重しについて

重しは塩（1kg袋）を2重の袋に入れたものなどでOK。2重にするのは袋が破れても塩がこぼれないようににするため。

カンパチの
ごまなめろう

手作り味噌ゆえの香りのよさ
ごはんにもお酒にも合う逸品

材料（2人分）

カンパチ（ブリ刺身用でも可）
…120g
しょうが…10g
小ねぎ…4 本
いりごま（白）…大さじ 1
A ┌ 味噌…大さじ 1/2
 └ 練りごま（白）…小さじ 1
しそ、海苔…適量

作り方

1 しょうがはみじん切り、小ねぎ
　は小口切りにする。カンパチは
　1cm の角切りにしてから、包
　丁で粗く叩く。

2 ボウルに A を入れて混ぜ、カ
　ンパチを加えてさらによく混ぜ
　る。しょうがと小ねぎ、ごまも
　入れて混ぜる。

3 器に盛り付け、海苔やしそに包
　んで食べる。

カビについて

カビが生えないようにするため
に大切なのは、味噌の表面を
しっかり密閉することと、重し
をしっかりすること。端のほう
にカビが出た場合は、消毒し
たナイフなどで削り取れば
OK。

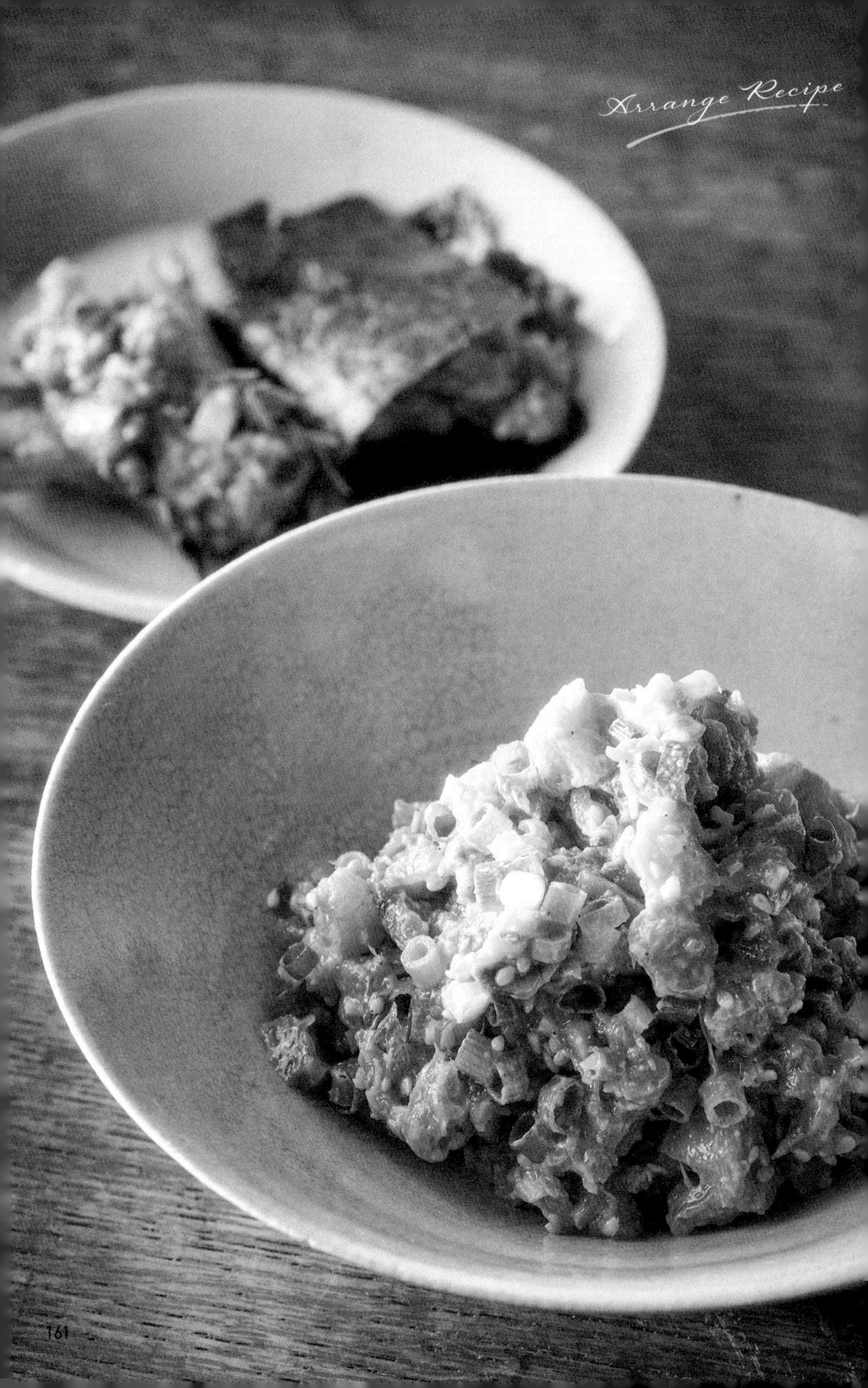
Arrange Recipe

豆板醤

そら豆で作るタイプの豆板醤。
自家製豆板醤は辛味だけでなく
麹の旨味もしっかり感じられ、
辛旨味噌のような味わいです。

保存
（完成から）
1年
（冷蔵）

使い方

キャベツなど生野菜に付けて食べたり、かつおやまぐろなど
刺身に付けたり、味噌のような使い方もおすすめ。

材料（約120g）

そら豆…100g（正味）
米麹…10g
韓国粉唐辛子…10g
天然塩…15g

おすすめ料理

・かつおと豆板醤のユッケ風
・豚バラとキャベツの
　辛味噌炒め
・豆板醤と味噌の手羽先焼き

作り方

1　そら豆は豆のくぼみに切り込みを入れる。こうすることで豆にしわが寄らず取り出しやすい。蒸し器で3〜5分蒸し、薄皮をむいて保存袋に入れる。

2　保存袋の上から圧をかけてつぶしていく。

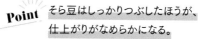

Point　そら豆はしっかりつぶしたほうが、仕上がりがなめらかになる。

3　麹はほぐす。2 にすべての残りの材料を合わせてよく混ぜる。

Point　保存袋でもむように混ぜるとよい。

4　保存袋の空気を抜き、冷暗所で半年以上おく。色が濃くなり、麹がなじんだら完成。

柚子こしょう

青柚子でも黄柚子でも
香り高い柚子こしょう。
市販品は青柚子のものが多いですが
黄柚子でも同様に作ることができます。
唐辛子は生がないなら乾燥のものでも。

保存
（完成から）
60日
（冷蔵）

使い方

肉や魚料理に使ったり、鍋や麺料理に少し加えてみたり。自
家製は塩味も強くなく、少し加えるだけで料理のアクセント
になります。ちょっとした味変にもおすすめ。

材料（約100g）

柚子の皮…50g（4～5個分）
青唐辛子…25～50g（好みで柚子の皮半量～同量）
塩…20g（皮と唐辛子を合わせた重量の20%）

おすすめ料理

・柚子こしょうで食べる
　サムギョプサル
・大根と鶏肉の
　シンプル柚子こしょう鍋
・柚子こしょうのカルボナーラ

作り方

1　柚子は皮をすりおろす。青唐辛子はヘタと種を取り、刻む。

2　1をすりこぎで擦り合せる。よく混ざったら、塩を合わせてさらに混ぜる。

Point

すりこぎがないなら
保存袋に入れて
もむように混ぜてもよい。

3　消毒した保存瓶などに入れ、1週間後くらいから食べられる。冷蔵庫で保存。

青柚子と黄柚子

青柚子が出回る時期（5月下旬～8月頃）は青柚子で作る柚子胡椒もおすすめ。黄柚子は完熟した香り、青柚子はフレッシュな青さとすっきり感があり、それぞれ楽しめます。

塩麹

米麹と塩、水だけで作る
発酵調味料。肉や魚を漬け込み
焼きものにすれば
たんぱく質が旨味に変わり
ワンランク上の味わいに。

保存
（完成から）
90日
（冷蔵）

使い方

炊飯器を使えばひと晩で完成する塩麹。塩気をベースに甘
みや旨味があり、和え物や炒め物、揚げ物の衣などに少し
加えると複雑な味になるいわば万能調味料です。

材料（約200g）

米麹…100g
天然塩…30g
水…100ml

おすすめ料理

・ホタテと柑橘の
　塩麹カルパッチョ
・豚肉の塩麹漬け焼き
・野菜の塩麹浅漬け

作り方

1　麹はほぐして塩とよく混ぜる。

2　1 に水を注ぎよく混ぜる。消毒した保存容器に入れ、麹が浸るように水を少し足す。

炊飯器で作る場合

2 をビニール袋に入れる。炊飯器の内釜に約60度のお湯を入れ、袋が浸る程度にする。浮かないように皿などで重石をし、ふたを開けたまま保温コースでひと晩おく（約6時間）。

3　1日1回かき混ぜて、冷暗所で1週間から10日間置く。麹がやわらかくなってトロリとし、薄く色づいてきたら完成。

玉ねぎ麹

保存
（完成から）
30日
（冷蔵）

玉ねぎの旨味や甘みが溶け込み、和風コンソメとも呼ばれます。肉を漬け込むと玉ねぎの酵素でやわらかくなります。

おすすめ料理

・ポトフ
・から揚げ

材料（約400g）

玉ねぎ…300g　　天然塩…30g
米麹…100g

使い方

漬け込みだれの他、炒め物などの味つけにも便利。

作り方

1　玉ねぎはミキサーでペースト状にする。

2　保存袋にほぐした米麹と塩を入れて混ぜ、1 を加えて全体がなじむようにもんで混ぜ、袋を密閉する。

3　1週間ほどおく。1日1回、清潔なスプーンでかき混ぜ、とろみが出て、麹の香りがしてきたら食べ頃。

4　色が薄く色づいたら完成。消毒した容器に入れて冷蔵庫で保存。

炊飯器で作る場合

炊飯器の内釜に約60度のお湯を入れ、2 の袋が浸る程度にする。浮かないように皿などで重石をし、ふたを開けたまま保温コースでひと晩おく（約6時間）。

玉ねぎ麹を使って

玉ねぎ麹のから揚げ

玉ねぎ麹の入った漬け込みだれで、いつものから揚げがよりジューシーに

材料(2人分)

鶏もも肉…1枚

┌ 玉ねぎ麹…大さじ 1 と 1/2
A にんにくすりおろし…1/2 片分
└ しょうがすりおろし…10g

片栗粉…適量

揚げ油…適量

作り方

1　鶏もも肉は一口大に切り、ビニール
袋に入れて A をもみ込み 20〜30
分ほどおく。

2　1 に片栗粉をまぶし 170 度の油で
揚げる。

保存
（完成から）
90日
（冷蔵）

たまり醤油のような甘みと旨味が特徴。
醤油のように使えて、料理の味わいがぐ
っと深くなります。納豆とは好相性。

材料（約200g）

米麹…100g
醤油…100g

作り方

1 消毒した容器に麹を入れ、醤油を注
ぐ（麹が浸るようにする。浸らなけ
れば、浸るくらいまで醤油を足す）。

2 常温で1週間ほどおく。1日1回、
清潔なスプーンでかき混ぜる。

3 とろみが出て、麹の香りがしたら完
成。

おすすめ料理

・醤油麹の鳥つくね
・醤油麹の牛丼

使い方

醤油のように炒め物やかけだれとして
使います。

炊飯器で作る場合

炊飯器の内釜に約60度のお湯
を入れ、醤油とほぐした米麹を
入れた保存袋が浸る程度にす
る。浮かないように皿などで重
石をし、ふたを開けたまま保温
コースでひと晩おく（約6時間）。

醤油麹を使って

醤油麹の納豆もち

自然な甘みの醤油麹＋納豆は安定のマリアージュ

材料(2人分)

納豆（小粒）…1 パック
醤油麹…小さじ 1
もち…2 個
刻み海苔…適量

作り方

1　もちは半分に切って、トースターなどで
　　焼く。

2　ボウルに納豆と醤油麹を入れて混ぜる。

3　もちを 2 に入れてからめ、器に盛り、海
　　苔をのせる。

塩レモン

レモンの香りと酸味、塩味が一緒になっているので使いやすい塩レモン。果肉も刻んでソースの一部にできます。皮ごと使うので無農薬の国産レモンがおすすめです。

保存
（完成から）
60日
（冷蔵）

使い方

塩レモンをまぶした肉のソテーや鍋のたれ、オリーブオイルと混ぜてドレッシングなど、いろいろな使い方ができます。少しプラスするだけでおしゃれなつまみが作れます。

材料 (約250g)

無農薬レモン…250g（大きめ2個くらい）
天然塩…25g（レモンの重量の10%）

おすすめ料理

・甘エビの塩レモン和え
・おぼろ豆腐の塩レモンのせ
・焼き鳥の塩レモンがけ

作り方

1 レモンはよく洗って、水気をふく。
8等分のくし切りにする。

2 消毒した保存瓶にレモンと塩を交
互に重ねて入れていく。このとき
できるだけ隙間が空かないように、
ぎゅっと詰めて入れる。

3 一番上にラップを落として空気に
触れないようにし、常温で冷暗所
に1か月くらいおく。途中レモン
から水分が出てくるので、上下に
ふって塩を溶かす。

タバスコ

熟成が進むことで辛さが
どんどん旨味に変わっていきます。
作ってすぐはフレッシュな
ソース感があり、変わっていく
味を楽しめるのも自家製ならではです。

保存
（完成から）
1年
（冷蔵）

使い方

そのまま辛味づけに使ってもよいのですが、肉を漬け込んだ
り、オリーブオイルや塩と合わせてドレッシングにしても。は
ちみつと合わせるとスイートチリソースのように使えます。

材料(約150g)

赤唐辛子（生）…100g
塩…小さじ1/2
りんご酢（穀物酢でも可）…50ml

おすすめ料理

・生春巻きのチリソース
・香味野菜のセビーチェ
・アラビアータ

作り方

1　唐辛子は粗く刻んでフードプロセッサーで撹拌する。

2　塩を入れる。りんご酢を2回に分けて加えて、そのつど撹拌する。

3　密閉できる保存袋か消毒した保
　　存容器に入れて2〜3か月置く。

しらいしやすこ

フードコーディネーター養成学校卒業後、料理家のアシスタントを経て、独立。広告や書籍、雑誌などの撮影を中心に、レシピ作成や料理制作、スタイリングを手がける。企業広告撮影から家庭料理のレシピ本まで、幅広く活躍。2012年より小澤綾乃とのユニットdishwishとしても活動している。

カバー・本文デザイン　PETRICO

撮影　福田諭

イラスト　木波本陽子

スタイリング　澤田もね

編集制作　矢作美和（バブーン株式会社）

企画・編集　尾形和華（成美堂出版編集部）

料理の味つけが決まる! 調味料の本 たれ・ソース・ドレッシング

著　者　しらいしやすこ

発行者　深見公子

発行所　成美堂出版

　　　　〒162-8445　東京都新宿区新小川町1-7
　　　　電話(03)5206-8151　FAX(03)5206-8159

印　刷　TOPPAN株式会社